まいである。

っきり示せない。

が大切。

『損益トントン点の経営が世界一やさしく分かる本』(税務経理協会刊)

```
変動費
限界利益
損益分岐点
％ (パーセント)
損益分岐点売上
```
という言葉を使わない「売上(連動型)・直接原価計算」で会社もお店もフル販売をめざそう!

必然性を,多くの人々がはっきり理解できない。この公式らしきものが直接原価計算への理

益 (PP)。

(税前) 利益＝0 の点。

益が $\overset{\text{ゼロ}}{0}$ の損益の分かれ目の売上。

例費＝80円－24円＝56円。56÷80＝0.7(70％)。

〈例その 1〉

80円	(1.0)	80×1.0＝80	80÷1.0＝80	$\frac{80}{1.0}=80$
－)24	(0.3)	80×0.3＝24	24÷0.3＝80	$\frac{24}{0.3}=80$
56	(0.7)	80×0.7＝56	56÷0.7＝80	$\frac{56}{0.7}=80$

〈例その 2〉

90円	(1.0)	90÷1.0＝90		
－)36	(0.4)	36÷0.4＝90	$\frac{36}{0.4}=90$	
54	(0.6)	54÷0.6＝90	$\frac{54}{0.6}=90$	$\frac{54}{0.6}=90$
54				
0	(0.0)			

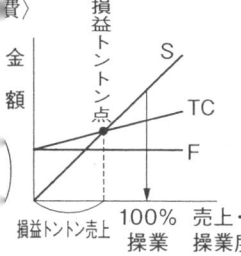

〈比例利益・固定費〉
グラフ

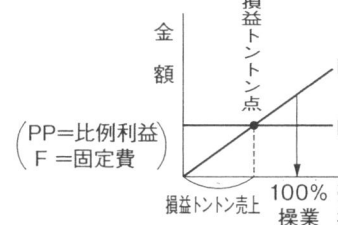

(PP＝比例利益 / F＝固定費)

損益トントン点の経営が
世界一やさしく分かる本

⎱ 変動費
⎰ 限界利益
⎱ 損益分岐点
⎰ ％（パーセント）
⎱ 損益分岐点売上

という言葉を使わない「売上（連動型）・直接原価計算」で
　　　　　　　　　　　　　　　Sales　・　Direct-Costing
会社も**お店**も**フル販売**をめざそう！

経済・金融・経営 評論家，作家　**金児　昭** 著
日本CFO協会 最高顧問
前金融監督庁（現金融庁）顧問　　Kaneko Akira

米シンテック社：2013年に創立40周年
（Shintech Inc.）

- ●「利益力世界一」の**シンテック社**（信越化学米国子会社）で1976年から**36年間**実行されている！
- ●1年間（3153万6000秒）のうち**1秒**だけ「**制度会計**」（財務会計＋税務会計）、3153万5999秒はすべて「**経営会計**」（管理会計）！

㈱税務経理協会

まえがき

　「財務会計」の決算は1年365日の中で1秒間（12月31日夜中の0時00分の前の）である。あと31,535,999秒（60×60×24×365－1＝31,536,000－1＝31,535,999）は「経営会計」の決算です。
　これが信越化学の米子会社シンテック社で36年間（1976年～2012年）行われている売上（連動型）・直接原価計算（〈売上・比例費・固定費〉P/L）です。176頁の拙著『「利益力世界一」をつくったM＆A』（日本経済新聞出版社，第4刷）の「売上（連動型）・直接原価計算」が292頁から306頁の「決定的損益計算」です。
　シンテック社36年の歴史の中で，36回の決算期があったのですが，財務会計上の全部原価計算による決算は年1秒で36年で36秒で，残りの36年間－36秒＝60×60×24×365×36－36秒＝1,135,296,000－36＝1,135,295,964秒は，経営会計上の売上・直接原価計算で利益の増大策を検討し，実際の経営実行を行ってきています。

○1分は60秒
○1時間は60分＝60×60＝3,600秒＝1時間
○1日は24時間＝3600×24＝86,400秒＝1日
○1年は365日＝84,600×365＝31,536,000秒＝約3千万秒
────○────○────○────○────
○36年＝31,536,000秒×36＝1,135,296,000秒＝36年
○36年－36秒（期末の1秒）＝1,135,295,964秒＝約11億秒

このシンテック社の売上（連動型）・直接原価計算は，同社の会長・社長をはじめとした経営幹部によって，日次決算が行われています。この体験知識（empirical knowledge）から，私は，「事業部（販売・製造・研究）は日次決算，経理・財務部門は月次決算」という標語で，売上・比例費・比例利益・固定費・（税前）利益を縦横無尽に駆使した売上（連動型）・直接原価計算の効用を世に啓蒙してきました。親会社信越化学はもとより，世界中の子会社・関連会社にシンテック社のエンピリカル・ナレッジを学んでもらってきました。

```
365日－1秒
＝31,536,000秒－1秒        ：  1秒
＝31,535,999秒
```

　経営会計上の売上・直接原価計算 ： 財務会計上の全部原価計算

1　難しい言葉や公式から世界中の人を救いたい！

❹　世界一やさしい言葉で説明しました

　一般に世の中で使っていることにかえて，信越化学の子会社，米シンテック社・50％合弁会社の米社（ロビンテック）持分を買収し信越化学100％子会社となった時［1976（昭和51）年］から，私が使っている「金児昭式言葉」にかかげるような言葉に置きかえております。

　ほんの一部分を除いて，数字に単位をつけずに，多くても2桁ないし3桁ですませました。桁数が多いと本質が分かりにくくなることがよくあるからです。読者の皆さんは自分で，または友人同士で，○○千円，○○万円，○○百万円，○○億円などと単位をつけてください。

❺　超やさしい損益トントン点と売上（連動型）・直接原価計算

　私は20代から75歳の今までの50年間，世界中の会社・店・個人企業・個人の人たちと同じように，損益分岐点，変動費，限界利益，損益分岐点売上の算出のための公式などと，全部原価計算・直接原価計算などの文言とその内容がよく理解できずに生きて来ました。そして同時に，私と同じような人が，いままでに世界中に何十億人もおられたことがわかってきました。2011年1月1日に，後で詳しく述べる『World and/or Japan "Accounting & Finance" Association』を創立した機に，超やさしいこの悩み解決本の執筆に取り組みました。

　ここで一言，この本で学んでいただきたいことが，世界経営の中でどのくらいのウエイト付けかを，簡単に説明します。私の体験知識（empirical knowledge）で申しますと1.6％の1/100（1.6/100×1/100）ぐらいです。

　世界経営100の中で最も大切なのは販売（30），次いで製造（30），研

究（30）です。残りの10がバックオフィス（バックアップ）部門である人事・総務，企画，広報，業務監査，秘書，経理・財務です。この経理・財務（Accounting & Finance）は世界経営全体の2/100のウエイトで，会計の世界の企業会計（Corporate Accounting）に呼応します。この企業会計（2/100）は2：8のウエイト付けで，会計のルールを守る財務会計（Financial Accounting, 0.4/100）と会社の利益向上を目指す経営会計（Management Accounting, 1.6/100）に分けられます。この経営会計の中に，損益トントン点と売上（連動）・直接原価計算（Sales・Direct-Costing），すなわち，売上に直接比例する比例費と比例利益を計算する原価計算が入ります。損益計算書の科目は上から，売上，比例費，比例利益，固定費，（税前）利益ですが，おいおい学んでいきましょう。

　世界中の誰もが，1円も1秒もかけずに入れる研究学会『World and/or Japan "Accounting & Finance" Association』（世界と／または日本「経理・財務」研究学会）（最高顧問：行天豊雄国際通貨研究所理事長・日本CFO協会名誉相談役，会長：金児昭）を創立しました。

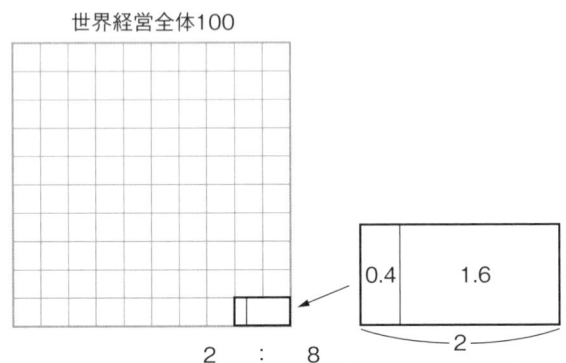

経理・財務＝企業会計（財務会計＋経営会計）
(Accounting & Finance)＝Corporate Accounting (Financial Accounting + Management Accounting)

「世の中では，財務会計（ファイナンス）と経営会計（マネジメント）の比率は，8対2くらいでファイナンスの方が重要だと思われているふしがあります。しかし，これはまったく逆です。ファイナンスがマネジメントより重要なんてことは絶対にありません。私の約40年の会社実務経験では，マネジメントが8，ファイナンスが2でした。特に二十一世紀に入ってから，しっかりした会社では9対1くらいになっています。そうでないと会社を良くして，利益を上げ，税金を納めていくこともできないし，人を幸せにすることもできません。」

● 世界一の実務から抽出しました

「経理・財務」中の経営会計の一部である，〈売上・比例費・固定費〉損益計算書（SPF P/L）に含まれる「損益トントン売上」について，会社・店・個人企業に，世界一役立つ実務の本をめざしました。なぜ世界一かと申しますと，私のふるさと信越化学工業の100％子会社米国シン

企業会計（経営会計＋制度会計）

	経営会計	制度会計	企業会計
会計の内容	利益を上げて税金を納めて，国家・社会に貢献しつつ，経営を発展させていくのに役立つ会計	会社の決算書を制度（法律・規則，すなわち法規）にてらして正しく作成するのに役立つ会計	経営会計と制度会計
経営の中のウェイトづけ	80％	20％	100％
呼応する数字	経営数字	制度数字	企業数字
所管（責任）者・部門	CEO（最高経営責任者）から第一線の従業員まで，すべてのビジネスパースン）	CEO＋CFO（最高経理財務責任者）＋経理・財務部門	全社 全グループ

テック社で，1976（昭和51）年から今日まで36年間実際に〈売上・比例費・固定費〉損益計算書を縦横無尽に使いまくって経営を行ってきた，世界一の経営実務だからです。

❶ 売上（連動型）・直接原価計算を1976年から使って世界経営をしているシンテック社の決算数値を説明します

私は日本史年代ゴロ合わせが趣味ですので，23をニーサン（兄さん）と呼んで，2008年12月決算の5つの数値を次にあげます。

米シンテックの5つの兄さん
① 売上2,300億円/年
② 税引き当期純利益230億円/年
③ 従業員230人。したがって，1人当たりの年間純利益は1億円で世界一
④ 塩ビ樹脂の年間生産量は230万トンで世界一
⑤ 1976年の生産量10万トン/年から現在230万トン/年までの成長率は2,300％，23倍。特に上記の③，④，⑤は世界一

❷ シンテック社（信越化学の100％米国子会社）で36年間実践
○ 売上（連動型）・直接原価計算を1976（昭和51）年から導入・実践
○ PF分解［総費用（TC）を，比例費（P）と固定費（F）に分けること］
○ 1円の利益が大切［損益トントンでは，利益＝0で不十分］
○ 比例利益（売上－比例費）＞固定費で，1円の（税前）利益が大切
○ PF分解はザックリ行えばよい。それが最善に次ぐ良い策（次善の策）
○ 比例費と比例利益の2つの文言が重要

まえがき

- ○ 本来，非比例費としたいところだが，私は固定費をそのまま使う
- ○ 金児式の「売上（連動型）・直接原価計算」関連用語を明記
- ○「金児昭（私）の気持」一枚に凝縮。(8・9頁，72・73頁)

　この本で，金額を表す数字は"円"表示または"百万円"表示と考えてください。

❻ 売上が0になると……
- ○ 売上が0になれば，比例費も0になり，固定費の分は赤字になる。

SPF P/L（メーカーの場合）

S	売　　上	0	Sales＝S
P	比 例 費	0	Proportional Cost＝PC＝P
	比例利益	0	
F	固 定 費 −)	50	Fixed Cost＝FC＝F
	利　　益	△50	

SPF P/L（商社・小売の場合）

S	売　　上	0	Sales＝S
P	比 例 費	0	Proportional Cost＝PC＝P
	比例利益	0	
F	固 定 費 −)	10	Fixed Cost＝FC＝F
	利　　益	△10	

1 難しい言葉や公式から世界中の人々を救いたい！

○変動費──variable cost の訳であるが，「売上の増減によって変動する費用」
○限界利益──marginal profit の訳であり，経済学で使われる考え方であるが，
○損益分岐──break even の訳であり，損失と利益の分かれ目のことだが，言
○損益分岐点──break even point の訳であるが，損益トントン点で，これは
○損益分岐点売上の公式 = $\dfrac{固定費}{1-変動比率} = \dfrac{固定費}{限界利益率}$ この公式らしきものへ ものが直接原価計算へ

2 本質をついた「金児昭式言葉」を使うぞ！

○比例費 ← 変動費……比例費（proportional cost）＝売上の増減に比例して
○比例利益 ← 限界利益……比例利益（proportional profit）＝売上の増減に
○損益トントン ← 損益分岐
○損益トントン点 ← 損益分岐点……損益トントン点（profit = $\overset{\text{ゼロ}}{0}$）＝損失と
○損益トントン売上 ← 損益分岐点売上……損益トントン売上＝損益が $\overset{\text{ゼロ}}{0}$，
○比例費率 ← 変動費率……比例費率は，比例費÷売上。例えば24円÷80円＝
○比例利益率 ← 限界利益率……比例利益率は，比例利益÷売上。例えば，
○（税前）利益または利益 ← 営業利益

3 比例費と比例費率から売上を計算する方法

売上 ＝ $\dfrac{比例費}{比例費率}$ $\left[\text{例}\quad 80\text{円} = \dfrac{24}{0.3}\right]$ ……

4 損益トントンのとき，比例利益＝固定費だから

損益トントン売上 ＝ $\dfrac{比例利益}{比例利益率} = \dfrac{固定費}{比例利益率}$ $\left[\text{例}\quad 90\text{円} = \dfrac{54}{0.6}\right]$ ……

5 損益トントングラフ（損益分岐点図表）で経営をしてはならない

経営では，「損益トントン売上」や「1円の利益」がとても大事である。しかし，さらに，「損益トントン売上」の操業度（売上，生産数量など）をはるかに上回る操業度100％を目指し，販売・製造・研究の経営実行をしていこう。

『損益トントン点の経営が世界一やさしく分かる本』（税務経理協会刊）

変動費
限界利益
損益分岐点
％（パーセント）
損益分岐点売上

という言葉を使わない「売上（連動型）・直接原価計算」で会社もお店もフル販売をめざそう！

という表現はあいまいである。
これでは内容をはっきり示せない。
葉が難しい。
あくまで点との理解が大切。
の計算プロセスの必然性を，多くの人々がはっきり理解できない。この公式らしき
の理解を妨げている。

増減する費用（P）。
比例して増減する利益（PP）。

利益の分かれ目の点。（税前）利益＝0の点。
すなわち（税前）利益が0の損益の分かれ目の売上。
0.3（30％）。
比例利益＝売上－比例費＝80円－24円＝56円。56÷80＝0.7（70％）。

損益計算書（P/L）〈例その1〉

売 上	80円	(1.0)	$80 \times 1.0 = 80$	$80 \div 1.0 = 80$	$\dfrac{80}{1.0} = 80$
−）比 例 費	−）24	(0.3)	$80 \times 0.3 = 24$	$24 \div 0.3 = 80$	$\dfrac{24}{0.3} = 80$
比 例 利 益	56	(0.7)	$80 \times 0.7 = 56$	$56 \div 0.7 = 80$	$\dfrac{56}{0.7} = 80$

損益計算書（P/L）〈例その2〉

損益トントン売上	90円	(1.0)	$90 \div 1.0 = 90$		
−）比 例 費	−）36	(0.4)	$36 \div 0.4 = 90$	$\dfrac{36}{0.4} = 90$	
比 例 利 益	54	(0.6)	$54 \div 0.6 = 90$		$\dfrac{54}{0.6} = 90$
−）固 定 費	54			$\dfrac{54}{0.6} = 90$	
（税前）利益	0	(0.0)			

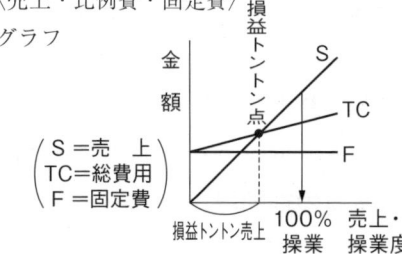

〈売上・比例費・固定費〉グラフ
（S＝売上　TC＝総費用　F＝固定費）

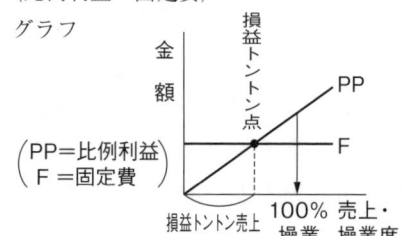

〈比例利益・固定費〉グラフ
（PP＝比例利益　F＝固定費）

目　次

まえがき……………………………………………………………1
プロローグ…………………………………………………………12

1. 小学校の算数で習う数字・計算だけで分かる ………………20
2. 売　　上（Sales＝S）…………………………………………38
3. 比　例　費（Proportional Cost＝PC ⇒ P）…………………48
4. 比 例 利 益（Proportional Profit＝PP）………………………54
5. 固　定　費（Fixed Cost＝FC ⇒ F）…………………………60
6. 総　費　用（Total Cost＝TC）を比例費と固定費に分類する …64
7. （税前）利益（Profit(before Tax)＝P(bT)）または
   利益（Profit）………………………………………………68
8. 〈売上・比例費・固定費〉グラフ・〈比例利益・固定費〉グラフで，
   損益トントン売上 71 を見る………………………………74
9. 〈売上・比例費・固定費〉P/L（損益計算書）………………78
   ―「メーカー」と「商社・小売」の〈売上・比例費・固定費〉P/L（〈SPF〉P/L）―
10. 損益トントンの時：「比例利益＝固定費である」……………84
11. 操業度（売上数量・生産数量・製造数量）には売上（金額）
    も入る………………………………………………………94
12. 〈売上・比例費・固定費〉グラフと損益トントン点…………102
13. 〈比例利益・固定費〉グラフと損益トントン点………………110
14. 〈比例利益・固定費〉グラフとカネコの補助線………………112

目 次

15. 超やさしい「ふつうのP/L・I/S（損益計算書）」……………116
16. 減価償却費（代表的な固定費）……………………………124
17. 超やさしい「ふつうのB/S（バランスシート）」……………128
18. 売上・直接原価計算……………………………………………132
    ―1年に1秒だけ全部原価計算。あと31,535,999秒は売上・直接原価計算―
19. 経営簿記………………………………………………………138
    ―「科目の四マス」と「残増減残」―
20. 経営簿記の眼で見る決算書（P/L・B/S・C/F）……………148
21. 問題と答………………………………………………………160
22. 日本の「経理・財務」は世界一です！………………………172
    ―日本中の会社等（会社・店・個人企業・個人）が毎日実践している「経理・財務」の中の「損益トントン売上」で「1円の利益を上げるべし！」―
23. 米シンテック社（2013年に創立40周年）「世界最強：フル生産・フル販売の経営」………………………………………175
    ―売上（連動型）・直接原価計算を1976（昭和51）年から36年間実行している―
24. 売上（連動型）・直接原価計算を実行している
    米シンテック社の経営…………………………………………191
    ―Mr.金川千尋（信越化学工業・シンテック）会長の講演（2011.4.22）から―
25. 拙著4冊に書評をいただきました……………………………200
26. 損益トントン売上，比例費，比例利益などの重要さを
    経営に生かしてきています……………………………………205

プロローグ

1 売上100－総費用80＝利益20

　会社等（会社・お店・個人企業・個人）に入ってくるお金より，出ていくお金の方が少なければ，会社の中にお金が残ります。会社やお店に入ってくるお金の典型が売上です。

　ラーメン屋さんであればラーメン一杯を食べていただいたお客さんが払ってくれたラーメン代です。

　ラーメンの費用は，めん代，電気・ガス代，しょう油をはじめとした調味料，それにお店の主人と店員さんへのお給料の支払いです。これら個々の費用を足したのが総費用です。

　売上100から総費用80を差し引いたものが利益20です。私はこの利益を税前利益（そこから税金を引く前の利益）と呼んでいますが，（税前）とカッコに入れ，（税前）利益，またこれを略してこの本では利益とも呼ぶことにします。

プロローグ

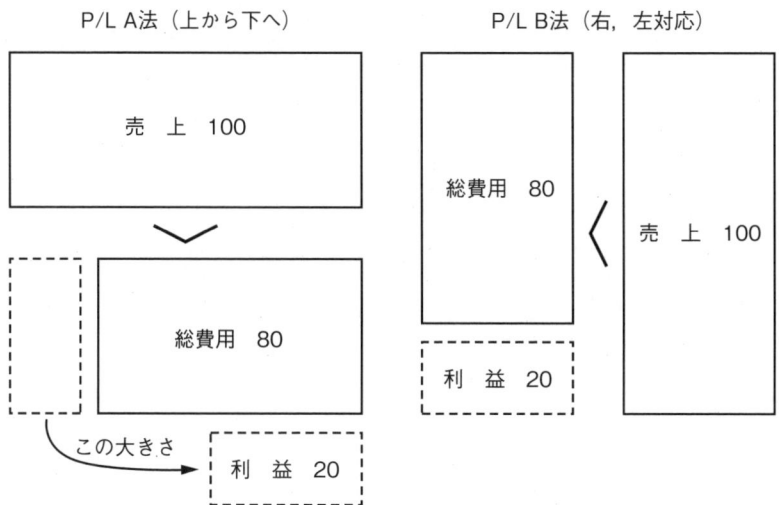

2 総費用＝比例費＋固定費

　会社等（会社・店・個人企業・個人）の全体の費用（総費用）は，次にあげるように，①比例費と②固定費（非比例費）からできています。

　①の比例費（Proportional Cost＝PC＝P）は，売上や売上数量に比例して増加・減少する費用です。メーカーの原材料・外注加工費や，商社や店などの購入原価がその典型です。この比例費は先に述べたように売上や売上数量に直接的に関連して比例する費用です（この製品に直接的に関連する直接費［そうでない費用は間接費］とは違う）。製品や商品をこの比例費より安い売上単価で売ることは考えてはなりません。

　②の固定費は，売上や売上数量に比例しない（非比例の）費用でこれを固定費（Fixed Cost＝FC＝F）といいます。もし，売上か売上数量が0であれば，比例費は0ですが，固定費（非比例費）分は赤字となります。なお，売上 −(マイナス) 比例費＝比例利益（Proportional Profit PP）で，比例利益 −(マイナス) 固定費＝(税前)利益です。

プロローグ

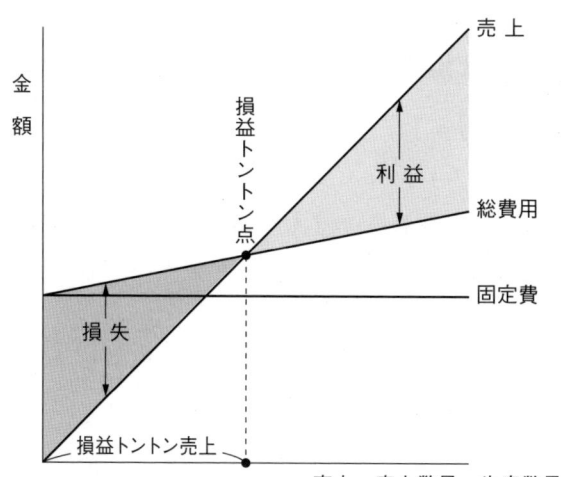

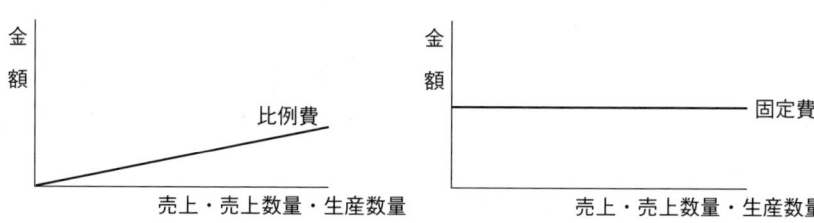

3 経営の目的は1円の利益を上げること

① 「売上」をのばすには,売上数量をのばし,売上単価を上げます。すなわち,お客さんに,たくさん,高く買っていただきたい,のです。

② 次に,「比例費」(原料費や購入商品原価など)を少なくします。すなわち,必要数量を少なくして,購入単価を,できるかぎり安くするのです。

③ ①の売上から②の比例費を引くと「比例利益」です。売上や比例費が「数量×単価＝金額」で表されると同じように,「比例利益」も,売上数量×単位当たり比例利益＝比例利益の式が成り立ちます。

④ 次に,売上には比例(連動)しない「固定費」ですが,これには,人件費,事務所賃借料,減価償却費などがあります。

⑤ ③の「比例利益」から④の「固定費」を引くと「(税前)利益」となります。この「(税前)利益」を1円でも上げることが,会社等(会社・店・個人企業)の経営そのものです。

以上のように,〈売上・比例費・固定費〉損益計算書(SPF P/L)経営が人間を幸せにします。

〈売上・比例費・固定費〉損益計算書（SPF P/L）の一例

①	売　　上	100	（10個×10円/1個）	1個10円のものを10個売ると，100円の売上。
②	比　例　費	30	（10個×3円/1個）	1個3円の比例費のものの比例費は30円。
③（①－②）	比例利益	70	（10個×7円/1個）	1個売ると7円比例利益で，10個で70円。
④	固　定　費	50	（0個でも10個でも50円。10個売れば1個当たり5円。）
⑤（③－④）	（税前）利益	20	（10個で20円。1個当たり2円。）
	‖		
⑤	（税前）利益	20	
⑥	税〈40％〉	8	
⑦（⑤－⑥）	純利益	12	

（注）　売上＝Sales＝S
　　　比例費＝Proportional Cost＝PC＝P
　　　比例利益＝Proportional Profit＝PP
　　　固定費＝Fixed Cost＝FC＝F
　　　（税前）利益＝Profit(before Tax)＝P(bT)
　　　損益計算書＝Profit and Loss Statement＝P/L
　　　　　　　　＝Income Statement＝I/S

4 損益トントン売上と〈売上・比例費・固定費〉グラフ

　会社やお店の経営は，利益をできるかぎり大きくすることが大切であることを常に考え実行します。これを前提として，損益トントン売上（利益がゼロとなる売上）がいくらかを分析します。

Ⓐ 利益ゼロの点が損益トントン点

　会社の利益がプラスでもマイナスでもなく，ちょうどゼロになる点が損益トントン点です。その時の売上が損益トントン売上です。つまり，利益も損失も出ない，売上と総費用が一致する点なので，売上が損益トントン売上を上回れば会社は利益を生み出し，下回れば損失が発生します。

Ⓑ 費用を固定費と比例費に分類する

　損益トントン売上を求めるためには，まず，すべての費用を固定費と比例費に分けます。

　固定費とは，営業活動をしていなくても発生する一定の費用です。例えば，従業員の給料の固定部分（残業代などを除く基本給）や，事務所や工場の賃借料，減価償却費などです。いずれも売上に比例せず発生します。

　比例費とは，会社等の売上に比例して増えていく費用のことです。例えば，原材料費や外注加工費などで，いずれも売上の増減に比例して発生し，売上がなければ，原則として発生しない費用です。

　売上が比例費と固定費を合わせた総費用（総コスト）を上回って，会社に初めて利益が発生します。逆に売上が総費用を下回れば，損失が発生します。だから，売上高＝比例費＋固定費」の点が，損益トントン点です。

損益トントン3つのケース

メーカーの基本ケース

売　上	100
−）比例費	30
比例利益	70
−）固定費	50
（税前）利益	20

	A	B	C
売　上	100	100	120
−）比例費	30	50	90
比例利益	70	50	30
−）固定費	70	50	30
（税前）利益	0	0	0

〈売上・比例費・固定費〉グラフ

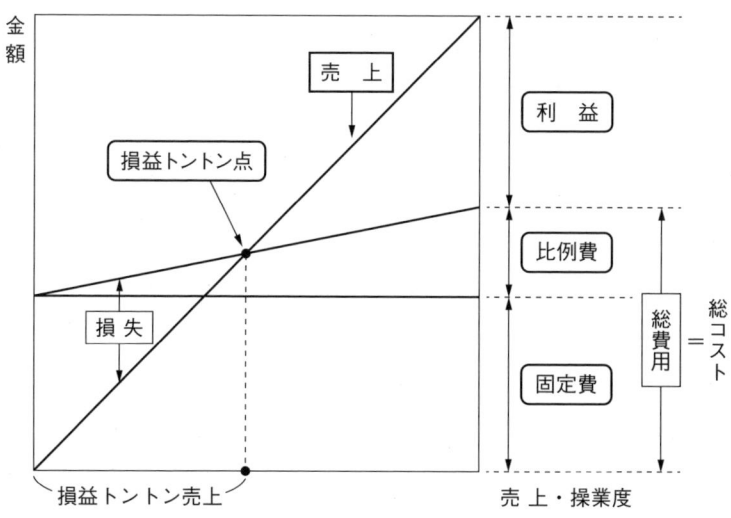

売上が比例費と固定費を合わせた額を上回れば，ラーメン屋さん（会社）は利益を上げられる

1. 小学校の算数で習う数字・計算だけで分かる

1　いつも「金額＝数量×単価」を思い浮かべる

　損益計算書（P/L＝Profit and Loss Statement）の売上100円は，前期の80円より25％増加したから嬉しいと感じたとします。これはこれで素晴らしいことですが，100円へも，80円へも，いま一歩踏み込みが足りません。

　それは，①どんな数字であっても，「数量×単価」に分解できますし，②「数量」と「単価」の組合せはいろいろあります。

　売上数量×売上単価の組合せは，例えば10個×10円／個，20個×5円／個，5個×20円／個，25個×4円／個，4個×25円／個，50個×2円／個，2個×50円／個，100個×1円／個，1個×100円／個，などがあります。現状はこの中のどれをベースに売上があがっていて，近い将来は，どんな販売政策を計画・実行して売上を増加させ利益を増やしていくのでしょうか。すなわち，経営的な数字の見方では，売上金額，売上数量，売上単価の3つを同時に見て，考え，売上と利益を増加させる方法を瞬時に探し出します。

1. 小学校の算数で習う数字・計算だけで分かる

図表 1-1 会社の数字は「数量×単価」で考える

ふつうの見方

例えば 売上 100

金額が多いか,少ないか,しか分からない

経営的な見方

売上金額 ＝ 売上数量 × 売上単価

100円＝20個×5円／個

| | 上がるか | 増えているか | 上がっているか |
| | 下がるか | 減っているか | 下がっているか |

次に打つ手
⇩
この3つを同時に見る
⇩
打つ手を実行する
⇩
例えば 数量を伸ばす。値下げをする。

ポイントは，まず3つの言葉があります。1つ目は売上，2つ目は比例利益，3つ目は比例利益率です。

　比例利益率とは，比例利益を売上で割って100を掛けると○○％となりますが，私は，この本の中では％をほとんど使わない，できたら全然使わない，という気持ちで書きました。ですから，（比例利益÷売上）×100ではなく，例えばパーセントでいえば100を掛ければ60％になりますが，割った数字は0.6としました。図表でいえば，売上が100で比例利益が70なので，比例利益率は0.7です。

　3つの数字で，その関係が非常に重要です。今，比例利益率が0.7ですから，売上が100であれば，比例利益率0.7を掛ければ比例利益は70になりますが，逆に，比例利益を比例利益率で割れば売上が出るという関係があります。これはこの本でも私の考え方の全体に関係してきます。

　ここで右の図の項目を見ていくと，売上は比例利益を比例利益率で割って出しますが，①は（税前）利益があるときです。ここで（税前）利益を見ていくと，一番下に20とあります。利益があるときには，この20と固定費の50を足したものが比例利益なので，式にあるとおり50＋20で比例利益が70になりますので，それを0.7で割ると売上が100と出ます。

　②は損益トントンのとき，つまり（税前）利益が0のときには，比例利益70と固定費70がイコールになります。売上はどうかというと，右の数式を見ていくと100×0.7（比例利益）＝70（固定費）＋0（（税前）利益）です。利益が0ですから，70÷0.7＝100です。ここで分子だけ見ていくと，比例利益は固定費と同じ額が出ています。そこを分かっていただくことが大事です。

1．小学校の算数で習う数字・計算だけで分かる

図表 1-2　売上は，比例利益を比例利益率で割って出す

①（税前）利益がある時

P/L

売　上	100
比例費	30
比例利益	70(0.7)
固定費	50
（税前）利益	20

売上は？

$$\frac{70(比例利益)}{0.7(比例利益率)} \rightarrow \frac{50(固定費)+20((税前)利益)}{0.7(比例利益率)}=100$$

② 損益トントンの時

P/L

売　上	100
比例費	30
比例利益	70(0.7)
固定費	70
（税前）利益	0

売上は？

$$\frac{70(比例利益)}{0.7(比例利益率)} \rightarrow \frac{70(固定費)+0((税前)利益)}{0.7(比例利益率)}=100$$

P/Lとは Profit and Loss Statement いう意味で，損益計算書を指します。私は，P/Lと逆P/L（逆の損益計算書）を小学校レベルの「小学算数分析」といっています。これは，皆さんは少しびっくりするかもしれませんが，基本の掛け算・割り算だけで損益計算書の分析をするということです。

　ここにあるとおり，売上×利益率＝利益ですから，80が売上としたら，その0.3（30％）の24が利益です。逆に，利益を利益率で割れば売上になるので，24÷0.3＝80です。そうすると，24と0.3と80という数字のうちの2つが分かれば残りの1つが分かります。24と0.3が分かれば80は分かりますし，80と0.3が分かれば24が分かります。このように，3つのうち2つが分かればあとの1つが分かるかたちになっています。

　図表の後半は，上段がP/L，下段が逆P/Lです。普通のP/Lは売上から始まって利益まで，したがって100から20までいきます。ところが，逆P/Lは下から上にいく感じです。（税前）利益が20で，固定費が50で，比例利益が70で，比例費が30で，売上が100という関係を，P/Lはどこでも普通に見ますが，逆P/Lでは逆立ちをして見ることをここで理解していただければ，そう難しいことではありません。

　右のほうに「売上を算出する3つの方法」，「売上を算出する3つの方法」と2つあります。これは何かというと，P/Lでは，30という比例費を0.3という比例費率で割れば100という売上が出ますし，70という比例利益を0.7の比例利益率で割れば100が出ます。それから，固定費50と（税前）利益20を足した50＋20の合計70が比例利益になりますが，これを比例利益率の0.7で割れば100になります。逆P/Lも同じようなことです。

　要するに，それほど難しいことではなく，一般に世の中で使っている「変動費」という言葉をすべて「比例費」にして，「限界利益」という言

葉をすべて「比例利益」にすることで，あとは，小学校の算数を使えばいろいろなことが分析できるということです。

図表1-3　P/Lと逆P/Lの小学算数分析

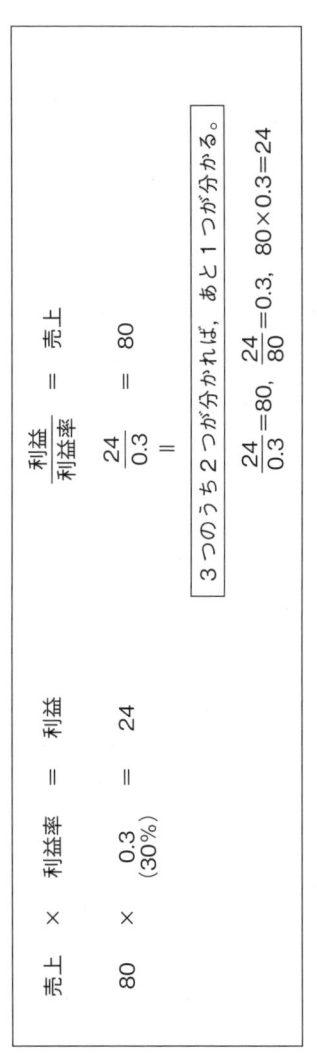

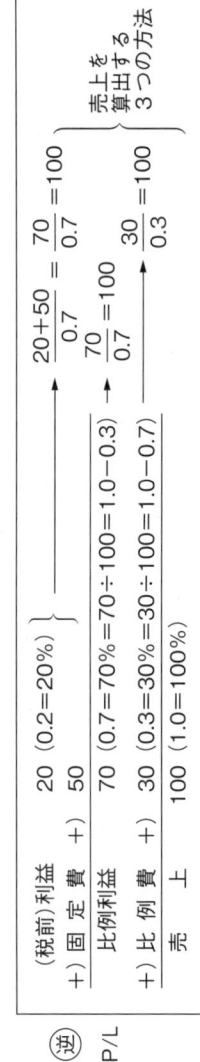

基本の掛け算・割り算：

売上 × 利益率 ＝ 利益
80 × 0.3 ＝ 24
　　　(30%)

$$\frac{利益}{利益率} = 売上$$

$$\frac{24}{0.3} = 80$$

$$\frac{24}{0.3}=80,\ \frac{24}{80}=0.3,\ 80\times 0.3=24$$

3つのうち2つが分かれば，あと1つが分かる。

P/L

売　上	100 (1.0＝100%)
−) 比 例 費	30 (0.3＝30%＝30÷100＝1.0−0.7)
比例利益	70 (0.7＝70%＝70÷100＝1.0−0.3)
−) 固 定 費	50
(税前)利益	20 (0.2＝20%)

売上を算出する3つの方法：
$$\frac{30}{0.3}=100$$
$$\frac{70}{0.7}=100$$
$$50+20=\frac{70}{0.7}=100$$

逆P/L

(税前)利益	20 (0.2＝20%)
+) 固 定 費	50
比例利益	70 (0.7＝70%＝70÷100＝1.0−0.3)
+) 比 例 費	30 (0.3＝30%＝30÷100＝1.0−0.7)
売　上	100 (1.0＝100%)

売上を算出する3つの方法：
$$20+50=\frac{70}{0.7}=100$$
$$\frac{70}{0.7}=100$$
$$\frac{30}{0.3}=100$$

2　すべての数字の基本は「残・増・減・残」の動きの中にある

　経営は，何かの「増」と「減」という動きの中にあります。数字を見たらすぐにその「動きは？」と考えます。

　会社の数字には，はじめの残があります。そこに「増（入り）」と「減（出）」という経営の動きがあって，終わりの残となります。一般の人が注目するのは，バランスシートや損益計算書に載っている経営の結果としての終わりの残だけです。しかし，この終わりの残を見て，その結果を生み出す，前段階の「動き」，すなわち「経営実行」までも意識できるかどうかが，経営者・経営幹部にとっては大事です。すべての数字は，期首の残と期末の残と，その間にある経営の動き（増・減）と連動しているからです。

　「損益トントン点の経営」は，まさにこの経営の動き（増・減）そのものです。

　例えば，バランスシートの製品科目の残が，昨年末10円で，本年末12円だったとします。この2つは，それぞれ昨年末と本年末のバランスシートに載っています。経営の動きは増20・減18の場合も，増15・減13の場合もあります。バランスシートの科目はすべて残増減残か残減増残ですが，損益計算書の科目は「はじめの残」が0(ゼロ)で，増減残か残減増です。

1. 小学校の算数で習う数字・計算だけで分かる

図表1-4 増（入り）と減（出）に注目！

A. 普通の見方

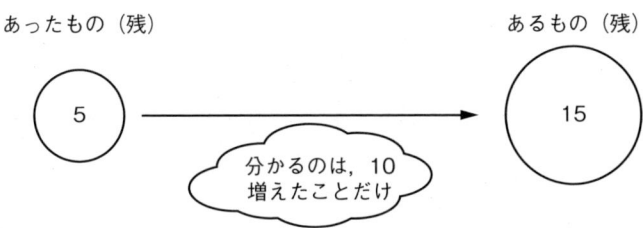

B. 経営者の見方（残増減残を活用する）

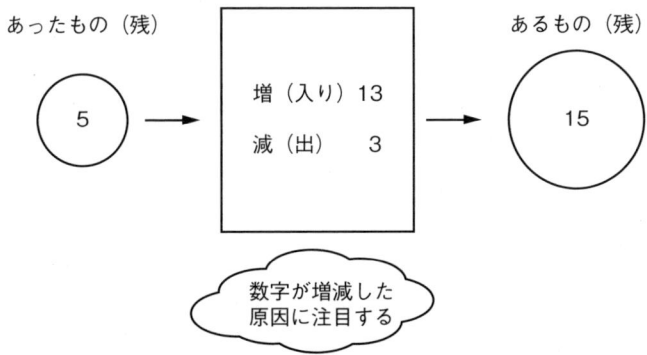

3 増（入り）と減（出）に注目！

Ⓐ 「残増減残」の四マス

　まず理解していただきたいのは，世の中はだいたい全部，何かあって，増えて，減って，何かある，という仕組みでできていることです。ですから，何かあるその時点は何かの始まりなので，私は，はじめに残っているものを「はじめの残」といっています。それが増えて，減って，今が成り立ちます。それを私は，図表に左から右への矢印がついていますが，□の中で残・増・減・残と表しています。だから，はじめに2があり，5増えて，4減ると，終わりの残が3になります。

　それを棒グラフ的に並べると，2があって，5増えて，4減って，3になります。それをそれぞれ□を独立させたような感じにして，角がつながっているような感じにすると，2があって，5増えて，4減って，残が3になります。どんな表し方でも結構ですが，人間の生活では毎日こういうことが起きています。

　それをタテの2行に表すと，残が2あって，5増えます。そして，「はじめの残」の2と増えた5を足すと7になり，7から4減ると3残ります。だから，①は2＋5－4＝3です。2＋5は，これで見れば高さが同じですから，当然ですが4＋3になります。

　特に，③を理解することは非常に大事です。残同士の差と増減の差は同じです。だから，残は，「最後の残」が3で，「はじめの残」が2で，その差は増えた分の5から減った分の4を引いたのと同じです。「残の差」は「増減の差」であるということは，自然のうちに皆さんは分かっていますが，改めてここで，しっかり理解しておいてもらいたいと思います。

1. 小学校の算数で習う数字・計算だけで分かる

図表 1-5　「残増減残」の四マス

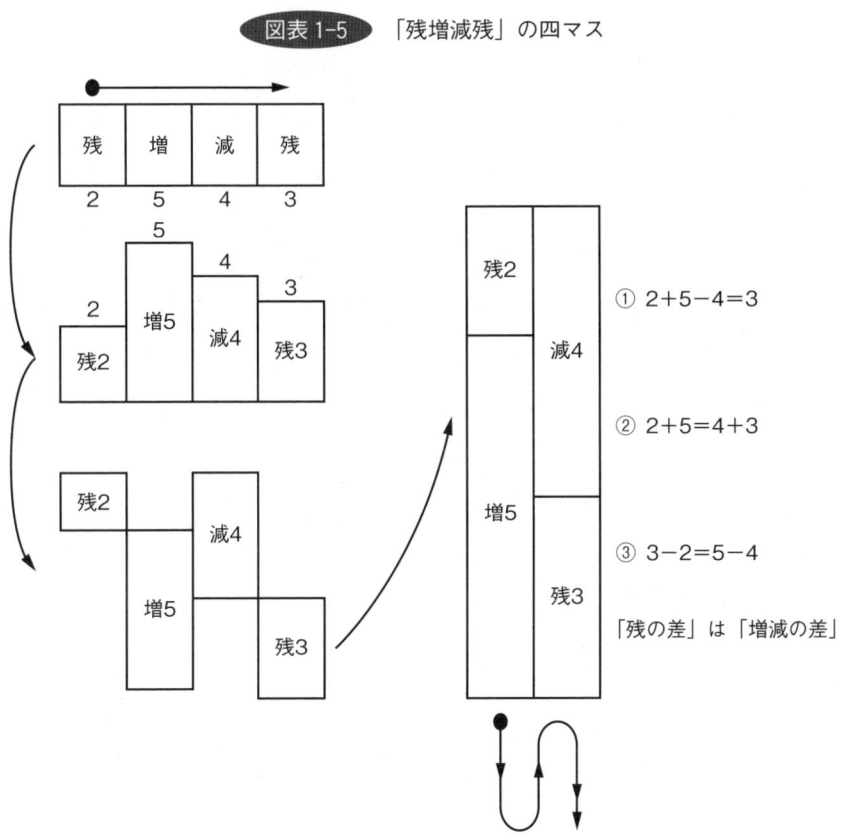

① 2+5−4＝3

② 2+5＝4+3

③ 3−2＝5−4

「残の差」は「増減の差」

❷「残減増残」の四マス

　同様に、この残・増・減・残を、先ほどは左から右にいきましたが、今度は右から左に並べてみました。そういうことも必要です。矢印が左に向かっています。そうすると、先ほどの□でいえば、右から残・増・減・残と同じ数字です。残・増・減・残と棒グラフになっています。少し角をつなげて残・増・減・残、それが左に移りまして、先ほどと同じように①が 2+5−4=3 と、自然の流れです。

　②は、2と5を足したものは4と3を足したものと同じということ、③は、「残の差」は、「増減の差」ですから、最後の残から「はじめの残」を引いたものは、増えて減ったものの差と、同じということです。

　ですから、前ページもそうですが、ここにウナギのような矢印をつけておきました。こういうのが、ものの流れです。

1. 小学校の算数で習う数字・計算だけで分かる

図表1-6 「残減増残」の四マス

① 2+5−4=3

② 2+5=4+3

③ 3−2=5−4

「残の差」は「増減の差」

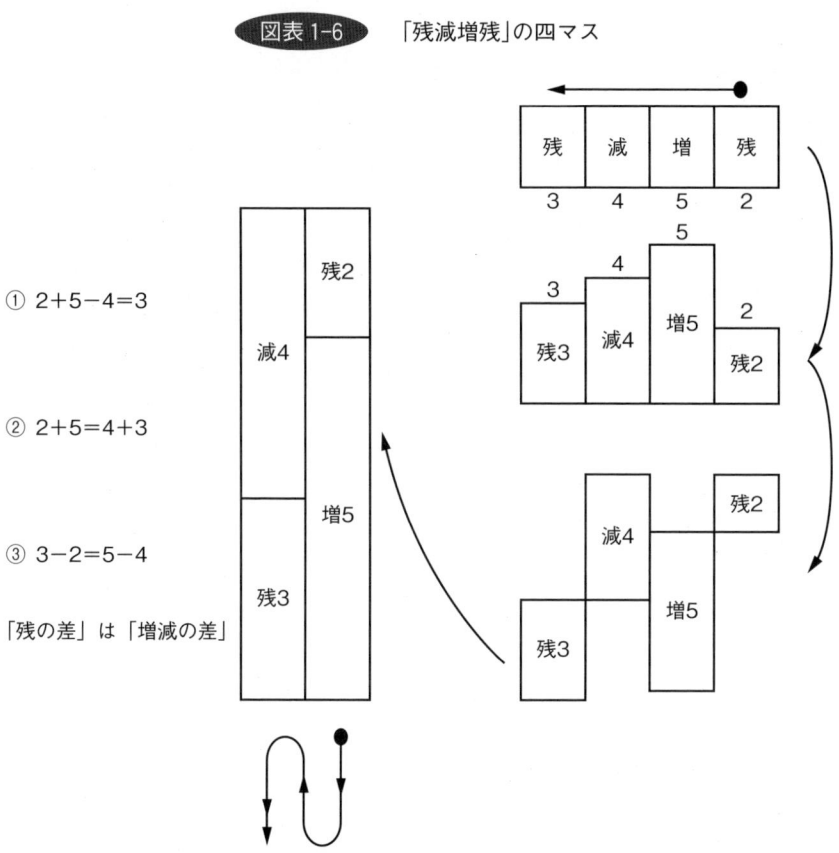

4 ザックリと「ラーメン屋さんの経営分析」をする

Ⓐ 損益トントン売上の分析で最低必要売上を知る

　損益トントン売上分析で，ラーメン屋さんの最低必要な売上が分かります。1杯500円のラーメンだけがメニューのお店があるとします。1杯の材料費などの比例費は200円で，賃借料や人件費などの1か月の固定費は60万円とします。また，1か月間営業した場合の損益トントン売上を100万円とします。

　損益トントン売上である100万円を1か月で売り上げるとなると，比例費は40万円（＜100万円÷500円／1杯＞×200円／1杯）となり，固定費の60万円と合わせて総費用（固定費＋比例費）は100万円です。1か月100万円の売上ということは，2,000杯を売る必要があります。30日間営業したとして，毎日67杯売ることになります。

Ⓑ 売上が「比例費＋固定費」を上回れば（税前）利益が上がる

　では，1か月間で1,000杯しか売れないとどうでしょうか。売上は50万円（500円×1,000杯）で，固定費は60万円，比例費は20万円（200円×1,000杯）となる。その結果，50万円－80万円で，30万円の赤字となります。

　このように損益トントン売上の分析を行えば，（税前）利益を生む売上を算出できます。

1. 小学校の算数で習う数字・計算だけで分かる

図表 1-7 損益トントン売上の経営分析

売上が「損益トントン売上」100万円のとき

	1か月分	1杯当たり
売上	100万円	500円/1杯
材料費（比例費）	40	200
比例利益	60	300
賃借料・人件費（固定費）	60	
（税前）利益	0	

100万円÷500円/1杯＝2,000杯
（1日当たり67杯）

売上が「50万円」のとき

	1か月分	1杯当たり
売上	50万円	500円/1杯
比例費	20	200
比例利益	30	300
固定費	60	
（税前）利益	△30	

50万円÷500円/1杯＝1,000杯
（1日当たり33杯）

5　ザックリと「利益がゼロである売上（損益トントン売上）がどれか」を経営分析する

Ⓐ 利益ゼロの点が損益

　会社の利益がプラスでもマイナスでもなく，ちょうどゼロになる時点が損益トントン点です。つまり，利益も損失も出ない，売上と総費用が一致する点で，売上が損益トントン売上を上回れば利益が生み出され，下回れば損失が発生します。

Ⓑ 費用を固定費と比例費に分類する

　損益トントン売上を求めるためには，まず，すべての費用を固定費と比例費に分けます。

　固定費とは，事業活動をしていなくても発生する一定の費用です。例えば，従業員の給料の固定部分（残業代などを除く基本給）や，事務所や工場の賃借料，減価償却費などです。いずれも売上に比例しないで発生します。

　比例費とは，売上に比例して増えていく費用です。例えば，原材料費や工場の光熱費，外注加工費などで，いずれも売上の増減に比例して発生し，売上がなければ，原則として発生しない費用です。

　売上が固定費と比例費を合わせた総費用（総コスト）を上回って，会社に初めて利益が発生します。逆に売上が総費用を下回れば，損失が発生します。だから，「売上＝固定費＋比例費」の右のグラフの交点が，損益トントン点です。

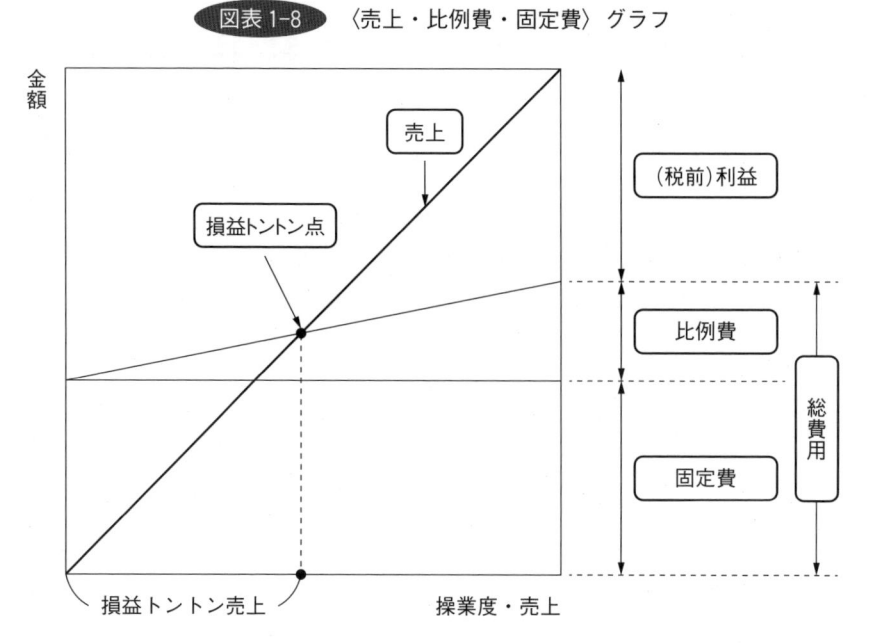

1. 小学校の算数で習う数字・計算だけで分かる

図表 1-8 〈売上・比例費・固定費〉グラフ

- 金額（縦軸）
- 売上
- 損益トントン点
- （税前）利益
- 比例費
- 固定費
- 総費用
- 損益トントン売上
- 操業度・売上

6 金児昭の「会社・店・個人企業（会社等）」の数字

　この表をヨコに見ていくと，「経営数字」「制度数字」「会社数字」と左から並んでいます。経営はマネジメント，制度（会計）はルール，それから，この2つを合わせて会社全体の数字（①＋②）と読んでいただきたいと思います。タテを見ると，「数字の内容」，次は①8と②2の「経営の中のウエイトづけ」です。それから，会計ではどのように呼ぶかが3番目です。それから「責任者・部門」と分けてあります。

　まず，「数字の内容」から説明しますと，「経営数字」は，利益を上げて，結果として税金を納めるのに役立つ数字です。それから，「制度数字（ルール数字）」は法規に則って決算書を正しく作るための数字です。それから，「会社数字」は合計ですから「経営数字」と「制度数字」を合わせたものです。ウエイトは，経営数字が8で，制度数字が2で，合計10ということは，経営に役立つ数字のほうがルールを守る数字よりずっと重要だという意味です。

　次に，会計をどのように呼ぶかというと，経営数字を扱うのは経営会計です。制度数字，ルールを扱うのが制度会計で，「制度会計（財務会計＋税務会計）」と書いてあります。ですから，財務会計は制度会計だとよくいいますが，それでは税務会計をないがしろにします。税務会計も重要です。財務会計と税務会計を合わせて制度会計です。そして，①と②を合わせたものが企業会計です。

　それから，「責任者・部門」の経営数字は，個人企業の社長・店長から第一線の社員・店員の人たちまでが扱う数字です。それから，制度数字は，社長と，特にCFO（最高経理・財務責任者）から第一線の経理・財務部門の人たちまでが扱う数字です。会社数字は，会社・全グループの方たちや部門が扱う数字です。

1. 小学校の算数で習う数字・計算だけで分かる

> **図表 1-9** 金児昭の「会社・店・個人企業（会社等）」の数字

	経営数字（①） （マネジメント）	制度数字（②） （ルール）	会社数字（①＋②）
数字の内容	「利益をあげて、結果として税金を納める」のに役立つ数字	「法規に則って、決算書を正しく作るための」数字	経営数字と制度数字
経営の中のウエイトづけ	8	2	10
会計	経営会計	制度会計 （財務会計＋税務会計）	企業会計
責任者・部門	社長・店長から第一線の社員・店員の人たちまで	社長・CFO（最高経理・財務責任者）から第一線の経理・財務部門の人たち	会社・全グループの人たち

2. 売上（Sales＝S）

　ものを売る場合を考えますと，ものを売った金額は「売上金」「売上高」ないしは「売上」といいますが，私は，この本では全部「金」とか「高」を除いて「売上」といっています。

　売上の内訳は売上数量×売上単価です。（売上）数量のことをquantityといいます。（売上）単価のことをunit priceといいます。unit priceは@を使うこともあります。それを合わせたものが売上salesです。これがベースになっています。

　図表は，数量×金額＝金額の売上を表していて，100円という売上があった場合にはどういう組合せがあるかというと，1kg×100円，2kg×50円，ずうっと来まして10kg×10円/1kgになります。逆のこともありますから，それを入れればもっと増えますが，7番目は12.5kg×8円/kg＝100円となって，これだけの組合せがあります。100円を見たときにこのことが頭にパッと浮かぶ社員数が多いところは強い会社です。

　図表に「〈SPF〉P/L」と書いてありますが，Sは売上（Sales）のSです。Pは比例費（Proportional Cost）のPです。Fは固定費（Fixed Cost）のFです。代表的な3つを選び出しまして〈SPF〉P/L（〈売上・比例費・固定費〉損益計算書）としました。

　この比率を見ていただきますと，例えば売上Salesが1.0としたら，比例費が0.3，比例利益が0.7，固定費が0.5，（税前）利益が0.2というのを，それぞれS，P，PP，F，P(bT)と表して，これが売上を頭においた損益計算書であることを示しました。

2. 売上（Sales＝S）

図表 2-1　「売上」に注目！

```
売上数量 × 売上単価 ＝ 売上
   ‖         ‖        ‖
   q        u・p       s
quantity  unit price  sales
            @
```

〈SPF〉P/L

S	売　上	Sales	1.0	S
P	比例費	Proportional Cost	0.3	P
	比例利益	Proportional Profit	0.7	PP
F	固定費	Fixed cost	0.5	F
	（税前）利益	Profit（before Tax）	0.2	P(bT)

数量×単価＝金額
100 円の 11 通りの組合せ

① 　1kg× 100 円/kg＝100 円
② 　2kg× 　50 円/kg＝ 〃
③ 　4kg× 　25 円/kg＝ 〃
④ 　5kg× 　20 円/kg＝ 〃
⑤ 　8kg×12.5 円/kg＝ 〃
⑥ 　10kg× 　10 円/kg＝ 〃
⑦ 12.5kg× 　 8 円/kg＝ 〃
⑧ 　20kg× 　 5 円/kg＝ 〃
⑨ 　25kg× 　 4 円/kg＝ 〃
⑩ 　50kg× 　 2 円/kg＝ 〃
⑪ 100kg× 　 1 円/kg＝100 円

1 〈売上・比例費・固定費〉P/L での「売上の求め方」

❶ メーカーの例

　図表には，〈売上・比例費・固定費〉P/L での売上の求め方を，メーカーの例と商社・小売の例の 2 つを左・右に分けて書きました。

　メーカーの例ですと，売上の下の比例費は，売上を 100 として 30 ぐらいと想定しました。商社・小売の場合は，例えばパンを 70 円で買って 100 円で売るという感じです。

　メーカーの例は，売上が 100 で，比例費が 30，比例利益が 70，固定費が 50，（税前）利益が 20 で，そのときの売上の求め方はというと，比例費の 30 を 0.3 で割れば 100 の売上が出ますし，比例利益の 70 を 0.7 で割れば 100 の売上が出ますし，固定費の 50 を 0.5 で割れば 100 の売上が出ますし，20 の（税前）利益を 0.2 で割れば 100 の売上が出ます。

❷ 商社・小売の例

　図表は商社・小売の例ですが，これも同様で，売上が 100，比例費が 70，比例利益が 30，固定費が 10，（税前）利益が 20 ですから，比例費 70 を 0.7 で割れば売上の 100 が出ますし，比例利益 30 を 0.3 で割れば売上の 100 が出ますし，固定費 10 を 0.1 で割れば売上の 100 が出ますし，（税前）利益 20 を 0.2 で割れば 100 が出るということで，これは小学校の算数から分かる逆算的なものの考え方です。

2. 売上（Sales＝S）

図表 2-2 〈売上・比例費・固定費〉P/L での「売上の求め方」
（メーカーの例，商社・小売の例）

メーカーの例

〈売上・比例費・固定費〉P/L

売　上		100（1.0）
比例費	－）	30（0.3）
比例利益		70（0.7）
固定費	－）	50（0.5）
（税前）利益		20（0.2）

売上の求め方 $\begin{cases} \dfrac{30}{0.3}=100 \\ \dfrac{70}{0.7}=100 \\ \dfrac{50}{0.5}=100 \\ \dfrac{20}{0.2}=100 \end{cases}$

商社・小売の例

〈売上・比例費・固定費〉P/L

売　上		100（1.0）
比例費	－）	70（0.7）
比例利益		30（0.3）
固定費	－）	10（0.1）
（税前）利益		20（0.2）

売上の求め方 $\begin{cases} \dfrac{70}{0.7}=100 \\ \dfrac{30}{0.3}=100 \\ \dfrac{10}{0.1}=100 \\ \dfrac{20}{0.2}=100 \end{cases}$

2 小数（1より小さい数字）と%(パーセント)（小学生の算数）

この本では「%（パーセント）」を使いません。

これは，「小数（1より小さい数字）と%（パーセント）」の関係で，%を使うということは（○○÷○○）×100 の計算をするわけですが，会社の中では100掛けたものをほとんど使いません。そこで，ここに小数とパーセンテージの関係をずらっと並べました。これをパッと見て，これは当たり前の話だと思わないで，一応，0.1 から1つずつ目で追っていただきたいと思います。30個ありますが，0.2 は 20 %，0.3 は 30 %，0.33 は 33 %，0.444 は 44.4 %，0.7777 は 77.77 %，1.000 は 100.0 % と，1つずつ指を置いて見ていただきたいと思います。

そうすると，%が浮かんだらすぐ小数が浮かぶ癖がつきます。これは会社生活では非常に大事です。%でものを考えて計算するのはけっこう難しいです。しかし，会社の経営は全部小数で幾らと実行すると考えていただけばうれしいです。この計算は小学校6年生までにはまず間違いなく習いますから。

2. 売上 (Sales＝S)

図表2-3 小数（1より小さい数字）と％（パーセント）[小学生の算数]

小数	0.1	0.2	0.3	0.4	0.5	0.6	0.7	0.8	0.9	1.0
％	10%	20%	30%	40%	50%	60%	70%	80%	90%	100%

小数	0.11	0.22	0.33	0.44	0.55	0.66	0.77	0.88	0.99	1.00
％	11%	22%	33%	44%	55%	66%	77%	88%	99%	100%

小数	0.111	0.222	0.333	0.444	0.555	0.666	0.777	0.888	0.999	1.000
％	11.1%	22.2%	33.3%	44.4%	55.5%	66.6%	77.7%	88.8%	99.9%	100.0%

3 売上に対する比率（対売上比率）

　会社で「率」という場合に圧倒的に多いのは売上に対する比率です。それを別名「対売上比率」と呼びますが、「○○に対する」という場合には、「に対する」の前にきた言葉が分母に入りますから、「売上に対する」といった場合には「売上」が分母に入ります。

　私は「比例費率」「比例利益率」「（税前）利益率」という言葉を使いますが、それぞれの前には「（売上）」が略されています。ですから、「売上比例費率」を一般的には「比例費率」といいます。「売上比例利益率」を「比例利益率」といいます。「売上（税前）利益率」を「（税前）利益率」といいます。「比例費率」「比例利益率」「（税前）利益率」の前にはそれぞれ「売上」が略されていると頭の中で考えてください。

　そして、売上とか比例費とか固定費が入っている損益計算書、略せば「SPF P/L」の1つの例を改めて図表に載せました。これもメーカーの一例で、売上が100で、比例費が30で、比例利益が70で、固定費が50で、（税前）利益が20の場合に、右を見ていただきますと、売上は小数点ですと1.0です。これを載せない人が多いですが、1.0もやはり数字です。それに対して、比例費率は0.3、比例利益率は0.7、固定費率が0.5、（税前）利益率が0.2で、これは全部、売上に対して幾らかという比率です。

　この表は何度も出てきますが、何度見ても損しません。何回も見ているうちに、〈売上・比例費・固定費〉損益計算書（SPF P/L）を経営の中で自然に書きたくなればしめたものです。

2. 売上（Sales＝S）

図表 2-4 売上に対する比率（対売上比率）

○ （売上）比例費率＝比例費率
○ （売上）比例利益率＝比例利益率
○ （売上）（税前）利益率＝（税前）利益率

〈売上・比例費・固定費〉損益計算書（SPF P/L）

S	売　上	100万円	1.0（100％）
P	－）比例費	－）30万円	0.3（30％）…（売上）比例費率
	比例利益	70万円	0.7（70％）…（売上）比例利益率
F	－）固定費	－）50万円	0.5（50％）
	（税前）利益	20万円	0.2（20％）…（売上）（税前）利益率

4　グラフで〈会社や店の〉経営をしてはならない！

〈売上・比例費・固定費〉グラフの見方を簡単に説明します。

損益トントン点を表している総費用と売上の金額が一致しているので，この点の位置では利益も損失も出ません。いわばプラスマイナスゼロの状態です。この点から少しでもずれると利益，もしくは損失が発生します。このため，「損」と「益」のトントン点という意味で，私は「損益トントン点」と呼びます。この損益トントン点を総費用と売上との関係で示したグラフを〈売上・比例費・固定費〉グラフとしました。

横軸の損益トントン売上点より左側，すなわち，「総費用」が「売上」を上回っている状態ならば損失が発生しています。一方，損益トントン点より右側，すなわち「売上」が「総費用」を上回っている状態ならば利益が出ています。つまり，企業は，より右側に売上や生産数量を持っていって利益を増やしたり，コストを下げることでより多くの利益を上げることをめざします。

この損益トントングラフを使うと，損益計画を立てるときに，「いくらの売上を上げるといくらの利益が出る，最低限これだけ売上を上げなければ赤字になってしまう」ということが感覚的にグラフの上で分かります。

とはいっても，売上や生産数量を右側に移動させたり，コストを下げたりすることは簡単ではありません。グラフで見るとすぐに実現しそうですが，実際には売上や生産数量を１％上げるにはかなりの努力が必要です。コストを少し下げるにも大変な努力が必要です。利益を考える時には，グラフに惑わされず，きちんと数字だけを見て，会社の実態を考えながら分析することが大切です。

2. 売上（Sales＝S）

図表 2-5 〈売上・比例費・固定費〉グラフ，〈SPF〉グラフ

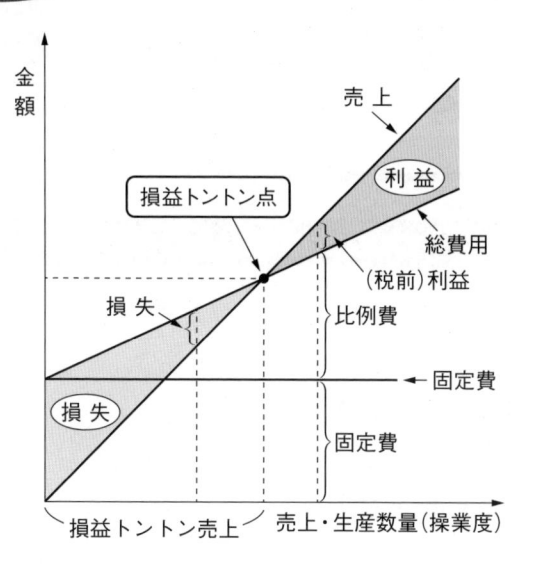

3. 比例費（Proportional Cost=PC⇒P）

1 比例費（Proportional Cost）=P

売上や生産数量（製造数量）などの操業度に比例する費用が比例費です。製造費用の中の材料費（原料費），外注費，配達費など，売上（販売）に比例してかかる費用です。

Ⓐ 比例費（Proportional Cost）

比例費は，売上・売上数量に比例して，増えたり減ったりします。

比例費といったら，まず，商社や小売業の購入商品やメーカーの原材料費を思い浮かべてください。

この比例費より安く商品や製品を売れば，比例利益の段階でまったく赤字です。

比例費以下の値段では絶対に売ってはいけないことは，肝に銘じてください。

この図表を見ると，いずれも原点から右上に線が引かれていますが，角度があります。その角度が上のグラフは10分の3，下のグラフは10分の7というだけの違いです。これは0.3と0.7の2つの例ですが，売上が10あれば，上のグラフでは3が比例費，下のグラフでは7が比例費ということを示しています。特に難しいことではありませんが，「比例費」という言葉には大いに慣れていただきたいと思います。この本を読むに従ってどんどん慣れていっていただけるとは思いますが。

3. 比例費（Proportional Cost＝PC⇒P）

図表 3-1　比例費（P）のグラフ

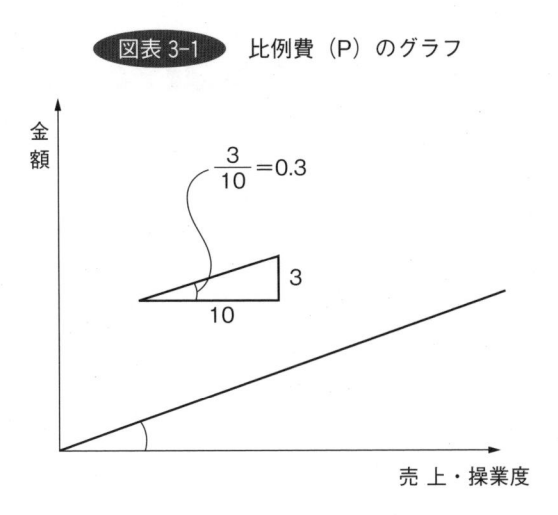

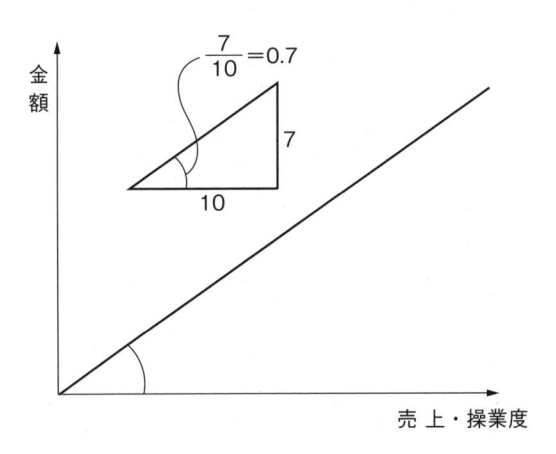

$\frac{3}{10} = 0.3$

金額／売上・操業度

$\frac{7}{10} = 0.7$

金額／売上・操業度

2 〈売上・比例費・固定費〉グラフ=〈SPF〉グラフの3本の線を見る

　これまでにも出てきましたが,〈売上・比例費・固定費〉グラフです。これを図表とか図で見るのではなく,グラフで見てみましょう。私も,はじめは「〈SPF〉graph」と英語にしようと思いましたが,やはり「グラフ」という片仮名文字にしました。

　このグラフでは特に3本の線を入れて,タテに「金額」,ヨコに「売上・操業度」と書きました。この説明はまたあとでしますが,「売上」は普通の売上です。「操業度」は,生産数量のこともありますし,製造数量のこともありますが,今のところは一応,ものを作る工場が動く割合と簡単に考えておいてください。

　この3本の線は,太線が原点から45°の角度で右上までいっていますが,これは売上です。タテの50から右に黒い線がいっていますが,これは固定費です。タテの50から右上に0.3の角度で出ている線は,固定費の50のところを0のレベルにすれば0.3の角度ですが,固定費はすべてについて下に50ずつありますから,その線と0.3の角度の斜めの線が比例費ですが,それに固定費を足したものが総費用です。そして,その上に(税前)利益があるのです。

　売上は,例えば一番右上の数字を見ると120です。そこに$y=1.0x$とあります。普通は45°の線が$y=x$です。それを私は,あとで0.3といった比率が出てきますから,わざわざ1.0を付け加えて$y=1.0x$としています。それから,その少し右下の総費用の一番最後は$y=0.3x+50$です。これは一次方程式です。0.3は比例費率です。50は固定費です。そうすると,$y=0.3x+50$と$y=1.0x$が交わった点が損益トントン点になります。その損益トントン点から下に71まで点線の矢印が下りています。すなわち,左から71のところまでが損益トントン売上です。そういう表で

3. 比例費（Proportional Cost＝PC⇒P）

すが，ここではこんなものかと思っていてください。

一番右下に「損益トントン売上」と書きました。日本語で「損益とんとん」という言葉もありますし，もっと一般的には，入金と出金を考えて「収支とんとん」という言葉があります。それを利益と損失について考えて「損益トントン」としました。その損益トントンのとき，利益0のときの売上 x をどのように出すかというと，$y=1.0x$ と $y=0.3x+50$ がイコールですから，$1.0x=0.3x+50$ で，$(1.0-0.3)x=50$ ですから x は $50÷0.7=71$ です。

この式は何回も出てきますから，今すぐ覚える必要は全くありません。要するに，この方式で損益トントン売上が出てくると理解することが大事です。これはまだ入り口ですから，頭で考えて分かったような気持ちになっていただけば結構です。

図表 3-2 〈売上・比例費・固定費〉グラフ＝〈SPF〉グラフの3本の線を見る

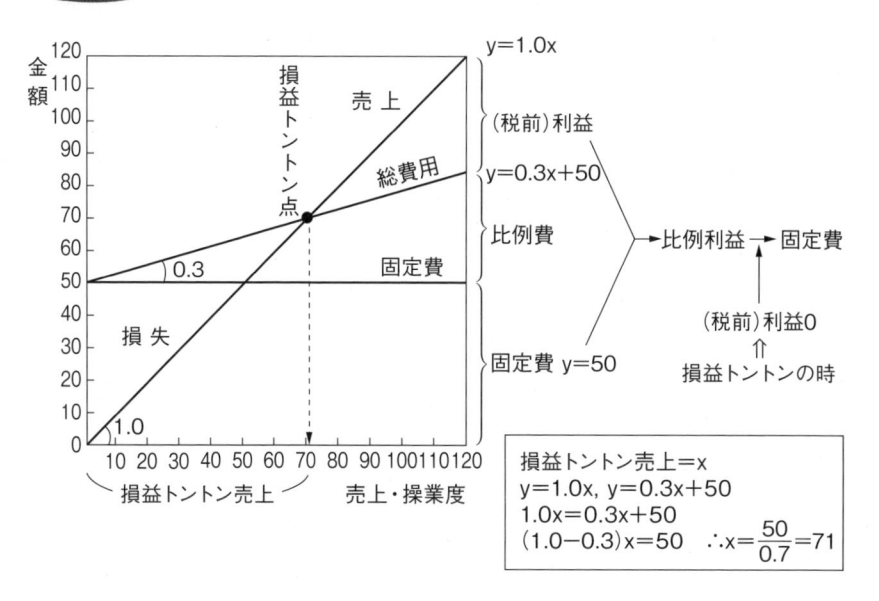

損益トントン売上＝x
$y=1.0x,\ y=0.3x+50$
$1.0x=0.3x+50$
$(1.0-0.3)x=50 \quad ∴ x=\dfrac{50}{0.7}=71$

3 〈売上・比例費・固定費〉グラフ=〈SPF〉グラフで損益トントン売上71を見る

　次は〈売上・比例費・固定費〉グラフ，要するに〈SPF〉グラフです。先ほどは，これは損益トントン売上71を出すだけです。（税前）利益0のときは71というのは，前のページでなんとなしに分かりましたが，では，（税前）利益10のときはどうか，（税前）利益20のときはどうか，（税前）利益30のときはどうか，（税前）利益50のときはどうか。そのときどきの売上が幾らかを自然に出したくなります。

　図表の右下を見ていただきますと，利益＝（税前）利益0のときは$x = \dfrac{50+0}{0.7}$です。（税前）利益0ですから分子は50＋0です。（税前）利益10ときは50＋10を0.7で割ります。それは何を意味するかというと，50は固定費で，10は（税前）利益です。固定費に（税前）利益を足すと比例利益になります。これはすべてに共通しています。0.7は全部共通で比例利益率を示しています。

　そのことを右側を見て分かっていただければそれで結構ですが，その左の図を見ていただければ，なるほど$y = 1.0x$で，総費用の斜めの線は$y = 0.3x + 50 +$（税前）利益で，それから右の式で利益に応じた売上を計算できることがお分かりいただけると思います。

3. 比例費（Proportional Cost＝PC⇒P）

図表 3-3 〈売上・比例費・固定費〉グラフ＝〈SPF〉グラフで損益トントン売上 71 を見る

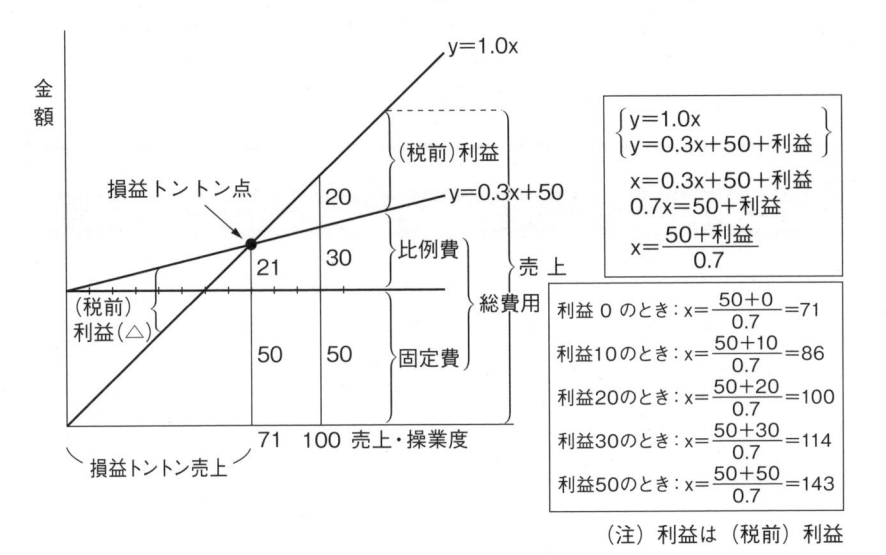

$$\begin{cases} y=1.0x \\ y=0.3x+50+利益 \end{cases}$$

$x=0.3x+50+利益$
$0.7x=50+利益$
$$x=\frac{50+利益}{0.7}$$

利益 0 のとき：$x=\dfrac{50+0}{0.7}=71$

利益10のとき：$x=\dfrac{50+10}{0.7}=86$

利益20のとき：$x=\dfrac{50+20}{0.7}=100$

利益30のとき：$x=\dfrac{50+30}{0.7}=114$

利益50のとき：$x=\dfrac{50+50}{0.7}=143$

（注）利益は（税前）利益

4. 比例利益（Proportional Profit=PP）

1 比例利益について理解するべき2つのこと

　比例利益は売上の増減に比例して増減する利益で，売上から比例費（売上の増減に比例する費用）を差し引いたものであることは，これまで何回も説明してきました。

① 比例利益＝固定費＋（税前）利益で，この（税前）利益が0のとき、が損益トントンで，比例利益＝固定費です。

② 比例利益も（税前）利益も，売上が増減すると増減しますが，固定費は一定で増減しません。

　この①，②から，次の2つの式が成立しています。

$$売上 = \frac{比例利益}{比例利益率} = \frac{固定費 + （税前）利益}{比例利益率}$$

$$損益トントン売上 = \frac{比例利益}{比例利益率} = \frac{固定費}{比例利益率}$$

　これらのことを次の〈SPF〉グラフで理解しましょう。

4. 比例利益 (Proportional Profit＝PP)

図表4-1　〈売上・比例費・固定費〉グラフ＝〈SPF〉グラフ

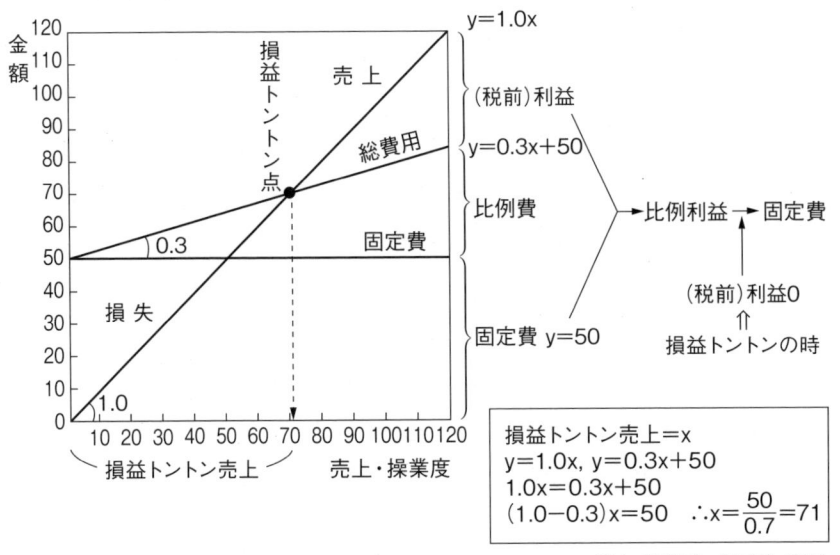

縦軸：金額（0〜120）
横軸：売上・操業度（10〜120）

- 売上：$y=1.0x$
- 総費用：$y=0.3x+50$
- 固定費：$y=50$
- 傾き 0.3、1.0
- 損益トントン点（売上70付近）
- 損失領域

右側の対応：
- （税前）利益
- 比例費
- 固定費 $y=50$

→ 比例利益 → 固定費
（税前）利益0
⇧
損益トントンの時

損益トントン売上＝x
$y=1.0x,\ y=0.3x+50$
$1.0x=0.3x+50$
$(1.0-0.3)x=50$　∴ $x=\dfrac{50}{0.7}=71$

（注）利益は（税前）利益

2 〈売上・比例費・固定費〉グラフ=〈SPF〉グラフ

　私は，この本の中で「変動費」と「限界利益」という言葉は，極端にいいますと一文字も使いたくはありませんでした。しかし，「変動費」を使っている書物や論文はたくさんありますし，「限界利益」を使っている書物や論文もたくさんあります。全くこれらに触れないわけにもいきませんので，この部分だけでは登場させます。

　多少非難めいてしまいますが，「変動」は，普通，どのように考えるかというと，あっちへ行ったりこっちへ行ったりしても，上下に行っても，斜め横に行っても，とにかく動けば「変動」になってしまいます。だから，図にすれば変動費のイメージは次頁のようなもので，そうすると変動は特定されないのです。ところが，売上に比例する費用を「比例費」と呼ぶようにしておけば，この図は0.3の角度ですから売上が10あれば3ですし，20あれば6ですし，このように，比例費のイメージは原点を通るグラフで表せます。だから私は，「変動費」という言葉は使わないで，全部「比例費」という言葉だけを使おうと決意しました。

　それから，「比例利益」は世にいう「限界利益」です。変動費はVariable Cost，限界利益はMarginal Profitといいます。Marginal Profitは経済学の用語で何を言っているか分かりません。「分からないけれども，いずれ分かるから暗記しなさい」といわれて暗記していますが，ちょうど簿記の「借方」と「貸方」と同じで，最後まで分からない人が多いのです。

　私は，世に言う「限界利益」は比例利益，売上に比例する利益であるとしています。そうすると，売上があって，0.7という比例利益率が分かれば比例利益が出るわけです。これは売上にスライドします。変動費のイメージは先ほどのようなグラフを描いていますが，限界利益になるとイメージがわからないので，???と書きましたが，そういう感じです。

4. 比例利益（Proportional Profit＝PP）

❸ 比例費と比例利益のイメージグラフを見る

　繰り返しますが，日本語の「変動費」のイメージは，上段の右の図のようになります。皆さんは，左の，売上に比例する比例費のイメージを頭に入れてください。日本語の「限界利益」は英語の marginal profit の訳で，私は若い時代から今まで，ずーっと分からないのです。皆さんは，下段の左の，売上に比例する「比例利益のイメージ」を頭に入れてください。

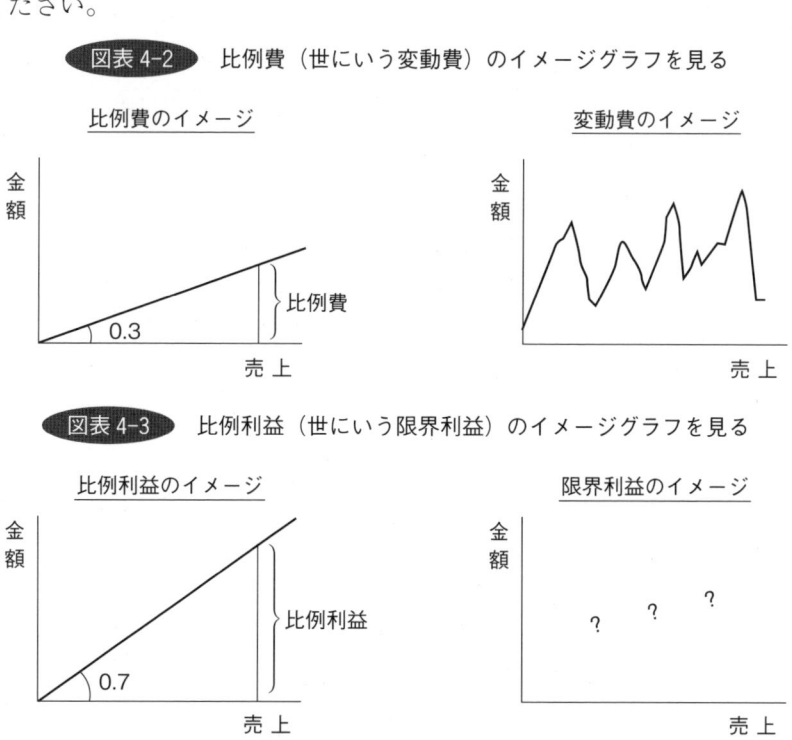

　　図表 4-2　　比例費（世にいう変動費）のイメージグラフを見る

比例費のイメージ　　　　　　　　　変動費のイメージ

（金額／売上グラフ：比例費は傾き0.3の直線，変動費は不規則に変動する折れ線）

　　図表 4-3　　比例利益（世にいう限界利益）のイメージグラフを見る

比例利益のイメージ　　　　　　　　限界利益のイメージ

（金額／売上グラフ：比例利益は傾き0.7の直線，限界利益は「?」マークが並ぶ）

　ちょっと一言です。実は marginal profit（限界利益）の marginal は，本来「とるにたらない」「不十分な」「重要でない」という意味があるので，平素，用心して使うべき言葉です。

4　y=ax から，x を求めると x=$\frac{y}{a}$ である

　先ほどから，y=0.3x とか 0.7x というのは出てきましたが，0.3 や 0.7 の代わりに a としますと y=ax になりまして，その x を求めます。y を a で割れば x=$\frac{y}{a}$ となります。比例費を y として，比例費率を a として，売上を x とすれば，売上は比例費を比例費率で割るのですから，①，②，③で例を挙げましたが，①は a が 0.1 だったら角度が 0.1，②は a が 0.3 の場合には角度が 0.3，③の場合には，角度が 0.7 です。これは比例費を比例費率で割れば売上になります。比例費率を頭に浮かべたら，すぐに右にある①，②，③のグラフが自然に頭に描けるようになってくるので，それに慣れてください。

4. 比例利益 (Proportional Profit=PP)

図表 4-4 $y=ax$ から, x を求めると $x=\dfrac{y}{a}$ である

$y=ax \quad \rightarrow \quad x=\dfrac{y}{a}$

比例費＝比例費率×売上 ⇒ 売上＝$\dfrac{比例費}{比例費率}$

① 例えば, $a=0.1$ の場合, $x=\dfrac{y}{0.1}$

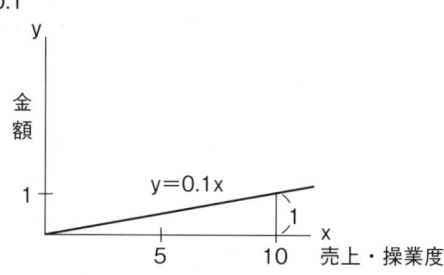

② 例えば, $a=0.3$ の場合, $x=\dfrac{y}{0.3}$

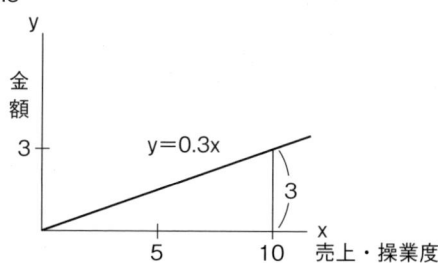

③ 例えば, $a=0.7$ の場合, $x=\dfrac{y}{0.7}$

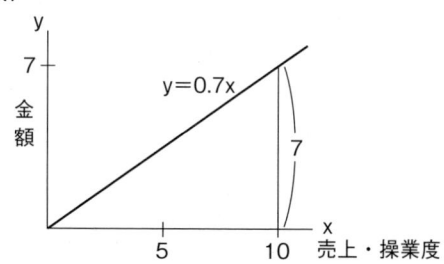

5. 固定費（Fixed Cost =FC⇒F）

1 固定費（Fixed Cost）=F

　固定費は，売上や生産数量（製造数量）などの操業度に比例せずに，固定的に発生する費用です。固定給の給料，賃借料，保険料，減価償却費などがあります。

　固定費は，売上・売上数量に比例しない費用で，非比例費（比例費ではない費用）です。

　固定費は，商品や製品を売り上げて，売上から比例費を引いた比例利益で回収するべき費用です。

　損益トントン売上から比例費を差し引いて出た比例利益と固定費は同じ額です。

　売上−比例費＝比例利益

　比例利益−固定費＝0

であれば，

　比例利益＝固定費です。

　よく固定費を「フィクスド・コスト」といいますが，「フィクスド」ではなく，「フィクスト・コスト」です。

　これは売上が増減してもこの費用は比例して変わらないということで，図で2つの固定費を示しましたが，上段は50で，下段は10で，売上と関係なく右に線が引かれていることを示しました。

5. 固定費（Fixed Cost＝FC⇒F）

図表 5-1　固定費（Fixed Cost＝FC⇒F）

金額

固定費が50円の場合

50 ─────────────────

売上・操業度

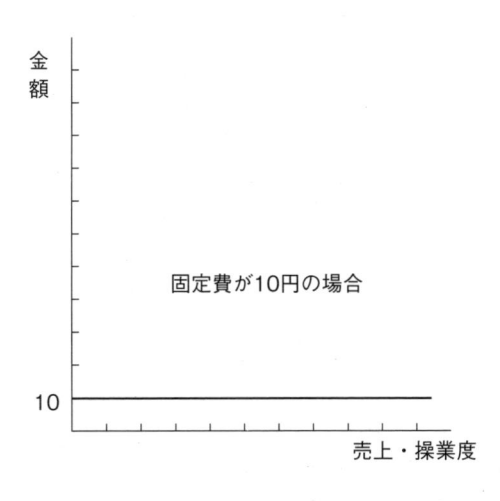

金額

固定費が10円の場合

10 ─────────────────

売上・操業度

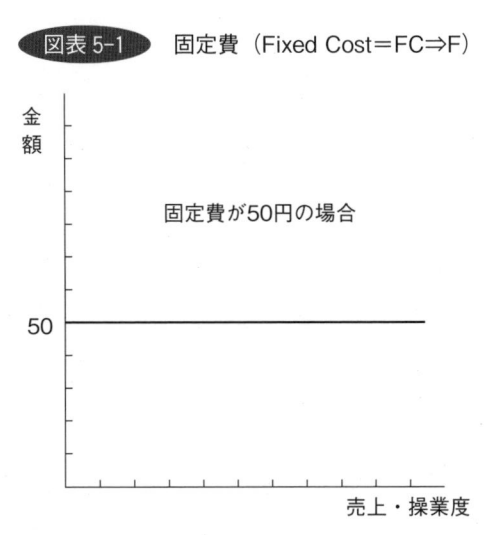

〈売上・比例費・固定費〉グラフを見てください。売上 − 総費用（総コスト）=（税前）利益，すなわち，Sales − Total Cost = Profit befor Tax です。この総コストを比例費（Proportional Cost）と固定費（Fixed Cost）に分けます。

　S − (P + F) =（税前）利益

だから

　(S − P) − F =（税前）利益

　経営会計でよく使う「比例利益」は，（税前）利益の向上・総コストの節減にとても役立ちます。利益の計算には，①「売上 − 比例費 = 比例利益」と，②「比例利益 − 固定費 =（税前）利益」の 2 段階があります。

　3 本の太い線（S と TC と F）のうち，総費用線（TC）と売上線（S）が交わるところ（点）を「損益トントン点」といいます。これが「経営会計上の（税前）利益がゼロの点」です。

　ゼロから出発して，総費用線が売上線を上回っている間は，利益ではなく「損失」が発生しています。しかし，右のほうへ進んで関係が逆転し，総費用線が売上線を下回ると，今度は「利益」が発生します。

　比例費（P）は，例えば製パン会社の場合でいったら小麦粉です。固定費（F）は，人件費・減価償却費・諸経費。この総コスト（TC = P + F）を売上（S）から引いた残りが，利益です。だから，先に述べた（S − P）− F =（税前）利益で，（税前）利益 = 0 のとき S − P = F で「利益がゼロのときは，比例利益 = 固定費」となります。

　〈売上・比例費・固定費〉グラフ = 〈SPF グラフ〉は，（税前）利益の構造を理解するのに役立つ。（税前）利益を増すには，比例利益を大きくして，固定費を小さくします。比例利益を増やすには，売上を大きくして，比例費を小さくします。

しかし，グラフには危険な面があります。グラフ上では簡単に，売上を右側へ増やせますが，現実に売上を増やすのには，大変な努力が必要です。だから，「グラフの上で経営（の検討）をしてはならない」のです。

なお，比例利益の損益計算では，在庫はすべて比例費だけ（例えば，本の在庫は紙だけで，パンの在庫は小麦粉だけ）でできると考えます。比例費からできている在庫の動きを損益計算に反映する場合には，財務会計（制度会計）の損益計算書とは異なる利益が出るので注意が必要です。

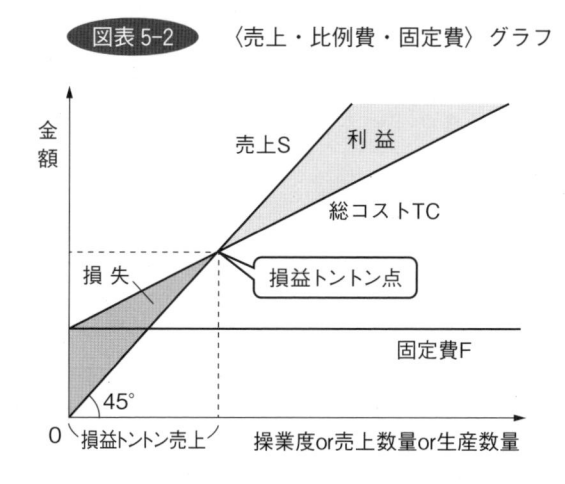

図表 5-2　〈売上・比例費・固定費〉グラフ

損益トントン点は，「比例利益＝固定費」の点である。
これから損益トントンの売上がわかる。

① 売上 － 比例費 ＝ 比例利益
　売上を大きく・比例費を小さく→比例利益の増加
② 比例利益 － 固定費 ＝（税前）利益
　比例利益を大きく・固定費を小さく→（税前）利益の増加

6. 総費用（Total Cost=TC）を比例費と固定費に分類する

1　総費用を比例費と固定費に分類する

　売上（連動型）・直接原価計算（Sales・Direct-Costing）においては，総費用を「比例費（Proportional Cost）」と「固定費（Fixed cost）」に分けます。しかし，それをすっぱり2つに分けることはとても難しいのですが，それを割り切って分けてしまいます。例をたくさんあげずに，比例費，固定費とも，数個ずつを挙げました。ザックリ理解してしまいましょう。

　図表の上段の「比例費」について一言でいえば，メーカーで「材料費」というとだいたいお分かりになると思います。それから，商社・小売で何か商品を仕入れています。例えばパンを70円で買って100円で売るパン屋さんがあるとすれば，パンの仕入れは「商品仕入原価」という言葉にあたりこれは比例費です。

　何かを外の会社に加工してくださいと頼むときも，頼んだ数量に比例して加工費が発生するので，これも比例費です。だから，電気・ガス・水道料も，基本料金などがあるとしたらそれは別にして，使った分だけお金を払うときには比例費です。

　それから，図表の下段の「固定費」は，「賃金」「給与」「福利厚生費」「減価償却費」と書いてありますが，減価償却費を除けば人件費に相当するもので，これは給料をもらっている人の人件費について固定費ということで，時間給などになると固定費とはいえない面があります。しか

6. 総費用（Total Cost＝TC）を比例費と固定費に分類する

し，一応，固定的に給料をもらっている前提のものをここの例に挙げました。減価償却費は純粋な固定費と考えていいです。

図表6-1 比例費

```
材料費（メーカー）
商品仕入原価（商社・小売）
外注加工費
電気・ガス・水道料
```

図表6-2 固定費

```
賃金    ┐
給与    ├ 人件費
福利厚生費 ┘
減価償却費
```

2　商社・小売業（流通業）と製造業の「総費用分解」

　商社とか小売業（一応「流通業」といいます）と，メーカー（製造業）の総費用を比例費と固定費に分解します。

　（Ⅰ）の「商社・小売（流通業）の場合」は比例費と固定費をどのように分けるでしょうか。まず，売上原価は仕入れて売ったものの原価という意味で，比例費です。運賃なども比例費です。それから，固定費は，先ほどいいましたような給料，賃借料，減価償却費，支払利息，に加えて販売費，一般管理費です。

　その下に「必要売上」と書きましたが，簡単に説明しますと，「固定費＋目標利益」が比例利益に相当しますが，それを，粗利益率，比例利益率と考えて結構ですが，それで割ったものです。

　メーカーの場合は，比例費は，売上原価のうちの材料費・外注費などです。売上原価は，先ほどの商社・小売の場合には仕入れて売ったものの原価でしたが，メーカーの場合には製造して売ったものの原価です。それから，固定費は，給料，機械・設備の減価償却費，支払利息，販売費，一般管理費などです。必要売上高は比例利益を比例利益率で割ります。それは，比例利益は固定費＋目標利益［（税前）利益］ですから，それを足したものを比例利益率で割るということです。

　右の図表は，今の式を一生懸命考えるためではなく，比例費，固定費はこのようなものだということを理解するために書いたとお考えください。

6. 総費用（Total Cost＝TC）を比例費と固定費に分類する

図表 6-3 商社・小売業（流通業）と製造業の「総費用分解」

（Ⅰ）商社・小売（流通業）の場合

【比例費】
売上原価
$\begin{pmatrix}仕入れて売った\\ものの原価\end{pmatrix}$ …運賃など

【固定費】
給料，賃借料，減価償却費，
支払利息，販売費，一般管理費など

$$必要売上 = \frac{粗（あら）利益}{粗（あら）利益率} = \frac{固定費＋目標利益}{粗利益率＝比例利益率}$$

（Ⅱ）メーカー（製造業）の場合

【比例費】
売上原価のうちの材料費，外注費など
$\begin{pmatrix}製造して売った\\ものの原価\end{pmatrix}$

【固定費】
給料，機械・設備の減価償却費，
支払利息，販売費，一般管理費など

$$必要売上 = \frac{比例利益}{比例利益率} = \frac{固定費＋目標利益}{比例利益率}$$

7. (税前)利益(Profit (before Tax)=P (bT)) または利益 (Profit)

1 「P/Lの利益と損失の分かれ目」[(税前)利益=0(ゼロ)]の損益トントン売上

　(税前)利益とは売上と費用の差額です。(税前)利益をたくさん得るには売上を上げるか，費用を下げるか，その両方を実現することが必要です。

　一般的に製品を造って売る時に必要な費用といえば，製品の材料費や人件費などがあります。しかし，材料費と人件費では費用としての性質がかなり異なっています。材料は製品を造って売るだけ，製造量に比例して必要になります。売上や売上数量に比例する費用が「比例費」です。一方，人件費は売上に比例せず一定の金額の費用で「固定費」です。

　これら「比例費」，「固定費」と「売上」，そして「(税前)利益」の関係をグラフで示します。

　まず，横軸に数量(操業度・売上数量など)と売上，縦軸に金額をとります。「固定費」は売上にかかわらず一定の金額なので，横軸に水平なグラフ，「比例費」は売上に比例して費用が増減するので，右上がりのグラフとなります。この2つのグラフを合わせたものが「総費用」を示すグラフです。次に「売上」のグラフは数量(売上数量)が増えるほど金額(売上)が増えるので，右上がりのグラフです。

　そして，「総費用」と「売上」の線が交わる点が「損益トントン点」です。総費用と売上の金額が一致しているので，この点の上では利益も

7. (税前) 利益 (Profit (before Tax)＝P (bT)) または利益 (Profit)

図表 7-1　費用・売上のグラフ

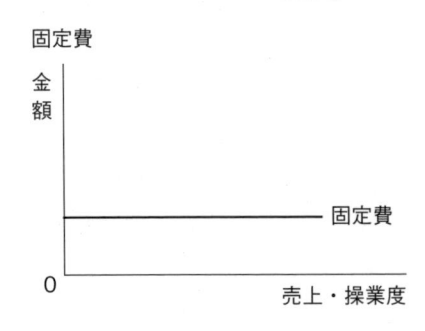

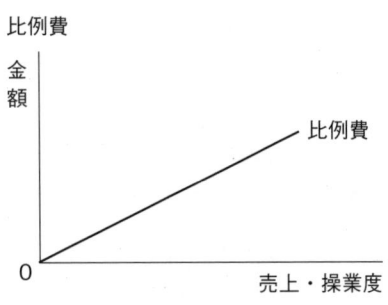

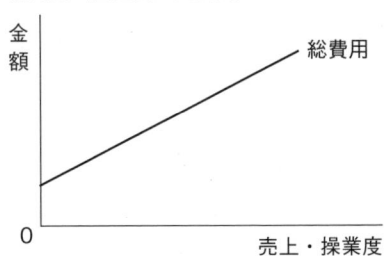

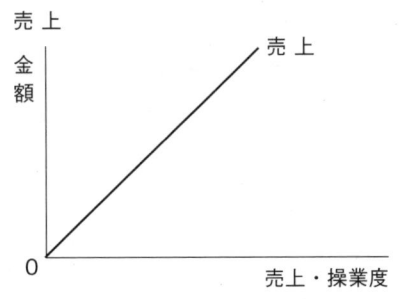

固定費

金額／売上・操業度：固定費（水平線）

比例費

金額／売上・操業度：比例費（原点から右上がり）

総費用（固定費＋比例費）

金額／売上・操業度：総費用（固定費の高さから右上がり）

売上

金額／売上・操業度：売上（原点から右上がり）

損失も出ていない，損益トントン売上（プラスマイナスゼロ）の状態である。

この点より左側，「総費用」が「売上」を上回っている状態ならば損失が発生。一方，損益トントン点より右側，「売上」が「総費用」を上回っている状態ならば（税前）利益が出ます。つまり会社等は，より右側に売上を増やして利益を増やし，コストを下げて，たくさんの利益を上げることを目指します。

しかし，売上を増やしたり，コストを下げることは簡単ではありません。グラフで見るとすぐに実現できそうですが，実際には売上を１％上げるにはかなりの努力が必要です。利益を真剣に考える時は，先に述べたように，グラフに惑わされずきちんと数字を見ることが必要です。

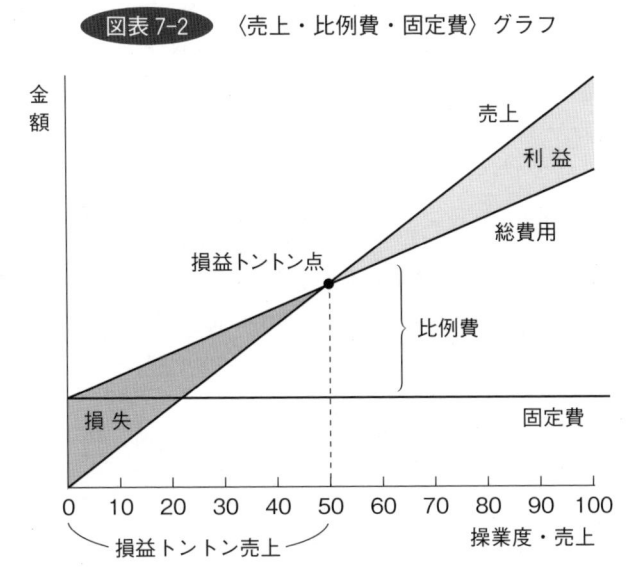

7. (税前) 利益 (Profit (before Tax)＝P (bT)) または利益 (Profit)

図表7-2 〈売上・比例費・固定費〉グラフ

1 難しい言葉や公式から世界中の人々を救いたい！
○変動費——variable cost の訳であるが，「売上の増減によって変動する費用」
○限界利益——marginal profit の訳であり，経済学で使われる考え方であるが，
○損益分岐——break even の訳であり，損失と利益の分かれ目のことだが，言
○損益分岐点——break even point の訳であるが，損益トントン点で，これは
○損益分岐点売上の公式 $= \dfrac{固定費}{1-変動比率} = \dfrac{固定費}{限界利益率}$　　この公式らしきものへ
ものが直接原価計算へ

2 本質をついた「金児昭式言葉」を使うぞ！
○比例費←——変動費……比例費（proportional cost）＝売上の増減に比例して
○比例利益←——限界利益……比例利益（proportional profit）＝売上の増減に
○損益トントン←——損益分岐
○損益トントン点←——損益分岐点……損益トントン点（profit＝$\overset{ゼロ}{0}$）＝損失と
○損益トントン売上←——損益分岐点売上……損益トントン売上＝損益が$\overset{ゼロ}{0}$，
○比例費率←——変動費率……比例費率は，比例費÷売上。例えば24円÷80円＝
○比例利益率←——限界利益率……比例利益率は，比例利益÷売上。例えば，
○（税前）利益または利益←——営業利益

3 比例費と比例費率から売上を計算する方法

$$売上 = \dfrac{比例費}{比例費率} \quad \left[\text{例}\quad 80^円 = \dfrac{24}{0.3}\right] \cdots\cdots$$

4 損益トントンのとき，比例利益＝固定費だから

$$損益トントン売上 = \dfrac{比例利益}{比例利益率} = \dfrac{固定費}{比例利益率} \quad \left[\text{例}\quad 90^円 = \dfrac{54}{0.6}\right] \cdots\cdots$$

5 損益トントングラフ（損益分岐点図表）で経営をしてはならない

　経営では，「損益トントン売上」や「1円の利益」がとても大事である。しかし，さらに，「損益トントン売上」の操業度（売上，生産数量など）をはるかに上回る操業度100％を目指し，販売・製造・研究の経営実行をしていこう。

『損益トントン点の経営が世界一やさしく分かる本』（税務経理協会刊）

　$\left\{\begin{array}{l}変動費\\限界利益\\損益分岐点\\\%（パーセント）\\損益分岐点売上\end{array}\right.$　という言葉を使わない「売上（連動型）・直接原価計算」で会社もお店もフル販売をめざそう！

7．(税前)利益(Profit (before Tax)＝P (bT))または利益(Profit)

という表現はあいまいである。
これでは内容をはっきり示せない。
葉が難しい。
あくまで点との理解が大切。
の計算プロセスの必然性を，多くの人々がはっきり理解できない。この公式らしき
の理解を妨げている。

増減する費用(P)。
比例して増減する利益(PP)。

利益の分かれ目の点。(税前)利益＝0の点。
すなわち(税前)利益が０(ゼロ)の損益の分かれ目の売上。
0.3 (30％)。
比例利益＝売上－比例費＝80円－24円＝56円。56÷80＝0.7 (70％)。

損益計算書(P/L)〈例その1〉					
売　　　　　上	80円	(1.0)	80×1.0＝80	80÷1.0＝80	$\frac{80}{1.0}=80$
－)比　例　費	－)24	(0.3)	80×0.3＝24	24÷0.3＝80	$\frac{24}{0.3}=80$
比 例 利 益	56	(0.7)	80×0.7＝56	56÷0.7＝80	$\frac{56}{0.7}=80$

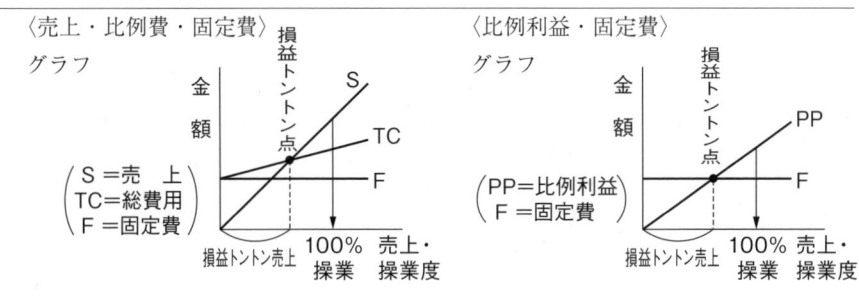

損益計算書(P/L)〈例その2〉					
損益トントン売上	90円	(1.0)	90÷1.0＝90		
－)比　例　費	－)36	(0.4)	36÷0.4＝90	$\frac{36}{0.4}=90$	
比 例 利 益	54	(0.6)	54÷0.6＝90		$\frac{54}{0.6}=90$
－)固　定　費	54			$\frac{54}{0.6}=90$	
(税前)利益	0	(0.0)			

〈売上・比例費・固定費〉グラフ

（ S＝売上／TC＝総費用／F＝固定費 ）

〈比例利益・固定費〉グラフ

（ PP＝比例利益／F＝固定費 ）

8. 〈売上・比例費・固定費〉グラフ・〈比例利益・固定費〉グラフで，損益トントン売上71を見る

1 〈売上・比例費・固定費〉グラフ

　図表の〈売上・比例費・固定費〉グラフは今までにも出てきました。この下に $x=\dfrac{F}{1-a}$ とあります。これは分かりにくいので今すぐ分からなくても結構ですが，一番下の行の右を見ると，$\dfrac{50}{1-0.3}=71$ と出ています。このグラフではこの数字を見てください。

　そうすると，50は固定費で，損益トントンの場合には固定費イコール比例利益です。1.0から比例費率0.3を引けば0.7になります。これは比例利益率です。だから，50が比例利益で，下の0.7が比例利益率だから損益トントン売上が71になるということさえ押さえれば，公式もどきの $x=\dfrac{F}{1-a}$ は忘れても結構です。

8. 〈売上・比例費・固定費〉グラフ・〈比例利益・固定費〉グラフで、損益トントン売上 71 を見る

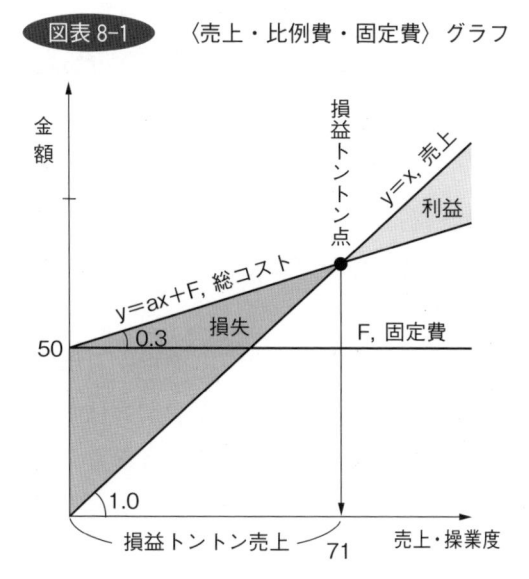

図表 8-1　〈売上・比例費・固定費〉グラフ

金額／y=ax+F, 総コスト／y=x, 売上／損益トントン点／利益／損失／F, 固定費／損益トントン売上／売上・操業度

$ax + F = x$（損益トントン売上）

$x(1-a) = F \quad x = \dfrac{F}{1-a} = \dfrac{50}{1-0.3} = 71$

2 〈比例利益・固定費〉グラフ

では，〈比例利益・固定費〉グラフに移ります。

これは初めて出てくる図で，今までは〈売上・比例費・固定費〉グラフでした。今度は比例利益と固定費だけを抽出するとどうなるかという図で，固定費はヨコに長い棒がずうっといくだけで今までのグラフと全く同じです。

ところが，比例利益とは何かというと，売上から比例費を引いたものです。そのグラフをこのように描くと，左の前図は売上が出てきましたが，ここでは売上が出てきません。この売上は参考であって，比例利益と固定費の2つでどのように考えるか。そうすると，このグラフの「損失」と「利益」の部分を斜線にしてあります。そこで，比例利益と固定費の比較がここで出てくるということです。

ここでも y＝F などは忘れて，最後の $\frac{50}{1-0.3} = \frac{50}{0.7} = 71$ だけ見ていただくと，1.0 の売上率から 0.3 という比例費率を引いた比例利益率は 0.7 です。だから，$\frac{50}{1-0.3}$ は $\frac{50}{0.7}$ です。では，50 とは何かというと，固定費とイコールの比例利益です。だから，比例利益を比例利益率で割れば売上が出るということで，この本を最後まで読んだあとでここへ戻ってくるのはご自由ですが，この2つのグラフを見たときには，分子が 50 で比例利益，分母が 0.7 で比例利益率，それで，比例利益を比例利益率で割れば 71 の損益トントン売上が出ることだけ知っていただきたいと思います。

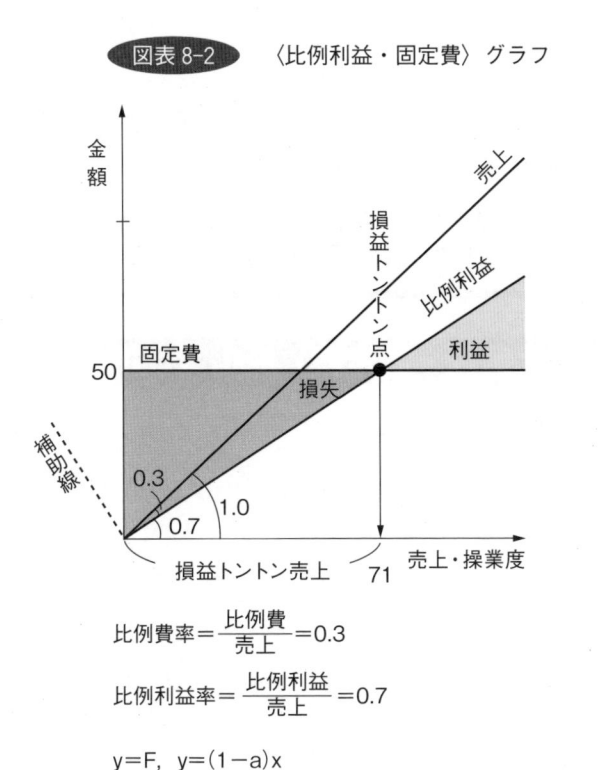

8. 〈売上・比例費・固定費〉グラフ・〈比例利益・固定費〉グラフで、損益トントン売上71を見る

図表8-2　〈比例利益・固定費〉グラフ

比例費率 ＝ $\dfrac{比例費}{売上}$ ＝ 0.3

比例利益率 ＝ $\dfrac{比例利益}{売上}$ ＝ 0.7

$y = F,\ y = (1-a)x$

x（損益トントン売上）＝ $\dfrac{F}{1-a}$ ＝ $\dfrac{50}{1-0.3}$ ＝ $\dfrac{50}{0.7}$ ＝ 71

9. 〈売上・比例費・固定費〉P/L（損益計算書）

―「メーカー」と「商社・小売」の〈売上・比例費・固定費〉P/L（〈SPF〉P/L）―

1 〈売上・比例費・固定費〉P/L（〈SPF〉P/L）

Ⓐ メーカーのケース

またまた，見たことのある図表の説明です。これはメーカーのケースですが，左の科目を見てください。上から「売上」「比例費」，一段下がって「比例利益」，それから「固定費」，一段下がって「（税前）利益」となっています。

金額は数量×単価で，売上については金額が100円で，売上数量は10kgで，1kg当たり10円です。そうすると，比例費，比例利益までは数量は全部売上数量でいいわけです。売上数量に1kg当たり10円の売上，1kg当たり3円の比例費，1kg当たり7円の比例利益ということが分かっていただければ，嬉しいです。その右で，「売上数量が10kgなので，1kg当たり10円の売上100円，1kg当たり3円の比例費30円，1kg当たり7円の比例利益70円」ということです。

一番右は，各科目の金額を対売上比率で割ると売上となります。例えば，売上100円を売上比率1.0で割ると，売上100となります。次に，30円という比例費を0.3という比例費率で割れば売上100円になります。それから，70円という比例利益を0.7という比例利益率で割れば売上100円になります。

一番下の（注）の「売上比例費率は30％」「売上比例利益率は70％」

9.〈売上・比例費・固定費〉P/L（損益計算書）

「売上（税前）利益率は20％」とは書きたくないので，0.3，0.7，0.2と書きました。

図表9-1　[メーカーのケース]〈売上・比例費・固定費〉P/L（SPF P/L）
〈比例費30円，固定費50円のケース〉

		金額＝数量×単価			売上数量が10kgなので，	各科目の金額を，対売上比率で割ると，売上となる
	科　目	売上金額(比率)	売上数量	1kg当たり		
S	①	売　　上	100円(1.0)	10kg	10円/kg	←1kg当たり10円の売上100円	$\dfrac{100円}{1.0}=100$円
P	②	比例費	－) 30円(0.3)	10kg	3円/kg	←1kg当たり3円の比例費30円	$\dfrac{30円}{0.3}=100$円
①－② ＝③		比例利益	70円(0.7)	10kg	7円/kg	←1kg当たり7円の比例利益70円	$\dfrac{70円}{0.7}=100$円
F	④	固定費	－) 50円(0.5)				$\dfrac{50円}{0.5}=100$円
③－④ ＝⑤		（税前）利益	20円(0.2)				$\dfrac{20円}{0.2}=100$円

（注）：売上比例費率は0.3
　　　：売上比例利益率は0.7
　　　：売上（税前）利益率は0.2

❸ 商社・小売のケース

❹のメーカーの場合には，比例費が30円で，固定費が50円になっていました。❸では，商社・小売の場合です。比例費が70円で，固定費が10円の例を挙げました。ですから，メーカーのケースとは，そこが違うだけで実質的な中身は同じです。

9.〈売上・比例費・固定費〉P/L（損益計算書）

図表 9-2 ［商社・小売のケース］〈比例費 70 円，固定費 10 円のケース〉

		科　目	金額＝数量×単価			売上数量が10個なので，	各科目の金額を，対売上比率で割ると，売上となる
			売上金額(比率)	売上数量	1個当たり		
S	①	売　　上	100円(1.0)	10個	10円/個	←1個当たり10円の売上100円	$\dfrac{100円}{1.0}=100円$
P	②	比 例 費	−) 70 (0.7)	10個	7円/個	←1個当たり7円の比例費70円	$\dfrac{70円}{0.7}=100円$
①−②＝③		比例利益	30 (0.3)	10個	3円/個	←1個当たり3円の比例利益30円	$\dfrac{30円}{0.3}=100円$
F	④	固 定 費	−) 10 (0.1)				$\dfrac{10円}{0.1}=100円$
③−④＝⑤		（税前）利益	20 (0.2)				$\dfrac{20円}{0.2}=100円$

（注）：対売上比例費率は 0.7
　　　：対売上比例利益率は 0.3
　　　：対売上（税前）利益率は 0.2

2 使うと超便利！タテとヨコの「〈SPF〉P/L 様式」

ここにわざわざ何も書いていない表を入れたのは，この表（「使うと超便利！　□で，タテとヨコの『〈SPF〉P/L 様式』」）はけっこう大事だからです。なぜかというと，ヨコの形を使うところとタテの形を使うところと，会社やその中の事業部によって違いますので，タテとヨコの2つの方式を示します。

図表 9-3　〈売上・比例費・固定費〉損益計算書…タテの「SPF」P/L
　　　　　〈Sales・Proportional Cost・Fixed Cost〉Profit & Loss Statement（〈SPF〉P/L）

S	売上 ①	数　量	
		単　価	
		金　額	
P	比　例　費 ②		
	比例利益 ①－②＝③		
F	固　定　費 ④		
	（税前）利益 ③－④＝⑤		

9. 〈売上・比例費・固定費〉P/L（損益計算書）

> 図表 9-4　〈売上・比例費・固定費〉損益計算書…ヨコの SPF P/L
> 〈Sales・Proportional Cost・Fixed Cost〉Profit & Loss Statement（SPF P/L）

	売上 ①			比例費 ②		比例利益 ①－②＝③		固定費 ④	（税前）利益 ③－④＝⑤	
	数量	単価	金額	金額	対売上比例費率	金額	対売上比例利益率		金額	対売上利益率

10. 損益トントンの時：「比例利益＝固定費である」

1 損益トントンの時，「比例利益＝固定費」，である

これまでに何度も触れましたが，非常に重要な点なので，損益トントンのときは「比例利益＝固定費」であることを，ケースＡとケースＢを見ながら改めてご説明します。

図表の上段のケースＡは損益トントンではありません。（税前）利益があるときです。だから，売上から比例費を引いた比例利益があって，比例利益から固定費を引いたら（税前）利益が20あるケースです。それを損益計算書に表したのが右の上です。

問題はケースＢの損益トントンのときです。太枠で書いてありますが，こちらが大事です。損益トントンということは損益0，すなわち，（税前）利益0ということですから，この場合，売上100から比例費30を引いて比例利益70，比例利益70から固定費70を引いて損益0（トントン）のときは，「比例利益イコール固定費」，これが大事です。これを損益計算書の形にすると右のようになって，最後の枠の中に「比例利益＝固定費」と書きました。これを目でしっかり見て理解してください。

ここで，もう一度ケースＡを見てください。固定費50，比例利益70ですが，もし売上が減少したり比例費が増加したりして比例利益が50となったとしますと（税前）利益は0で損益トントンとなります。この場合，比例利益イコール固定費となります。

10. 損益トントンの時：「比例利益＝固定費である」

図表 10-1 損益トントンの時：「比例利益＝固定費」

	説　明　方　式（例）	損益計算書方式（例）	
（税前）利益がある時	売上－比例費＝比例利益 100 － 30 ＝ 70 比例利益－固定費＝（税前）利益 70 － 50 ＝ 20	売　　上　　　100 －）比　例　費　－）30 　　比例利益　　　70 －）固　定　費　－）50 　　（税前）利益　　20	ケースA
損益トントンの時	売上－比例費＝比例利益 100 － 30 ＝ 70 比例利益－固定費＝（税前）利益 70 － 70 ＝0（損益トントン） 比例利益＝固定費	売　　上　　　100 －）比　例　費　－）30 　　比例利益　　　70 －）固　定　費　－）70 　　（税前）利益　　　0 比例利益＝固定費	ケースB

2 売上に対する,「売上率」「比例費率」「比例利益率」「(税前)利益率」

　ここまでは金額でご説明しましたが，これと同じことを売上率，比例費率，比例利益率，(税前)利益率などの「率」で見ていただきたいと思います。

　図表の上段は(税前)利益があるとき，下段は(税前)利益が0で損益トントンのときです。そのときに真ん中の上下を見ていただいて，1.0が売上率，0.3が比例費率，0.7が比例利益率，0.2が(税前)利益率です。それを書き出したのが右の1.0−0.3＝0.7で，入れても入れなくて結構ですが，固定費率の0.5を入れれば(税前)利益率が0.2となります。

　下段は損益トントンのときです。では，どこを見るかというと，金額0だけではなく，率の0.0をも見ていただきたいのです。

10. 損益トントンの時:「比例利益＝固定費である」

図表10-2 売上率，比例費率，比例利益率，（税前）利益率

売　　上	100	1.0…売上率	1.0	1.0−0.3＝0.7,
−）比　例　費	−）30	−）0.3…比例費率	−0.3	1.0−0.7＝0.3,
比例利益	70	0.7…比例利益率	0.7	0.3＋0.7＝1.0
−）固　定　費	−）50			
（税前）利益	20	0.2…（税前）利益率	0.2	

売　　上	100	1.0…売上率	1.0	1.0−0.3＝0.7,
−）比　例　費	−）30	−）0.3…比例費率	−0.3	1.0−0.7＝0.3,
比例利益	70	0.7…比例利益率	0.7	0.3＋0.7＝1.0
−）固　定　費	−）70			
（税前）利益	0	0.0…（税前）利益率	0.0	

　　　　　　　　　　　　　↑
　　　　　　　　　　損益トントン

（注）固定費率0.5，0.7の表示を省略しました。

3 損益トントンの時「比例利益＝固定費である」

　繰り返しになりますが，損益トントンのときの〈売上・比例費・固定費〉損益計算書は，売上から始めないで，この損益計算書の一部，比例利益から始めました。

　先ほど，比例利益と固定費のグラフが出てきました。それにも関係がありますが，比例利益が70で，固定費が50で，（税前）利益が20の例をベースにします。この場合，損益トントンになるケースを考えてみると，比例利益が70であれば固定費が70ですし，固定費が50であれば比例利益が50です。常に比例利益＝固定費です。ですから，損益トントンのときは，四角の枠に入っていますが，「固定費の数字を見たら比例利益の数字と同じと考え，比例利益の数字を見たら固定費の数字と同じと考える。」，ここが癖になってくると，損益トントン点の本当に大事なことをマスターすることになります。

10. 損益トントンの時：「比例利益＝固定費である」

図表10-3 〈売上・比例費・固定費〉損益計算書の一部を，次の例で見る。

```
  比 例 利 益  70           比 例 利 益  70              比 例 利 益  50
 －)固 定 費  50    ⇒   －)固 定 費  70    または   －)固 定 費  50
  (税前)利益   20          (税前)利益    0              (税前)利益    0
```

この場合，「(税前) 利益 0＝損益トントン」であれば，常に，比例利益＝固定費である。だから，損益トントンの時，

> 固定費の数字を見たら，比例利益の数字と同じ，と考え，
> 比例利益の数字を見たら，固定費の数字と同じ，と考える。

4 〈比例利益・固定費〉グラフの2本の線で「損益トントン売上」を見る

　前に出てきた〈売上・比例費・固定費〉グラフは３本の線で見ますが，〈比例利益・固定費〉グラフはこの２本の太線で見ます。この２本の太線の交点が損益トントン点で，下の71が損益トントン売上です。ですから，このグラフを見たら，とにかく太線をじっくり見てください。

　少しそれますが，〈売上・比例費・固定費〉グラフの３本の線で損益トントン売上について分かったような気はしますが，実はなかなか分からない図表なのです。勉強し始めた人は，そのこと自体が分かりにくいということが分かってくると思いますが，その点，〈比例利益・固定費〉グラフのほうが内容が分かりやすいと思います。しかし，売上が出てきませんので，そこが欠点です。ですから，どうしてもこれら２つのグラフを知っていただきたいのです。

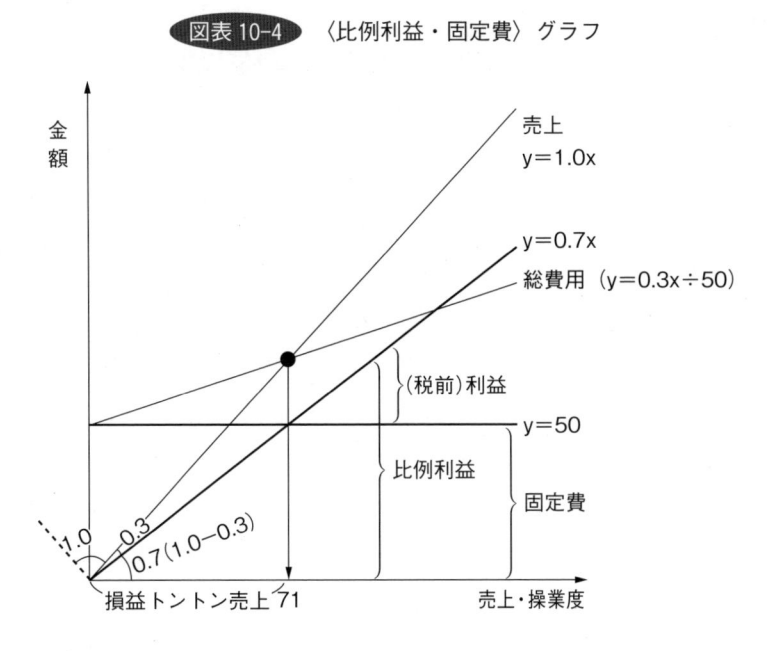

10. 損益トントンの時:「比例利益=固定費である」

図表 10-4 〈比例利益・固定費〉グラフ

金額

売上
y＝1.0x

y＝0.7x
総費用（y＝0.3x÷50）

(税前)利益

y＝50

比例利益

固定費

1.0
0.3
0.7(1.0−0.3)

損益トントン売上 71

売上・操業度

5 〈売上・比例費・固定費〉グラフと〈比例利益・固定費〉グラフの両方で「損益トントン売上」を見る

　ここでは，すでに出てきた2つグラフ両方で損益トントン売上を見ます。非常にややこしいように見えますが，今までにお話ししてきたことがそのまま載っているだけです。それをまとめました。

　どのようにまとめたかといいますと，上の段は＜売上・比例費・固定費＞グラフで，3本の線で表しています。上の段は $y=1.0x$ と $y=0.3x+50$ で y は同じなので，要するに，$1.0x=0.3x+50$ です。では，x はどうかというと，交点の損益トントン売上が71個とか，71 kgとか，71 円とか，そのように出てきます。それを表しただけです。

　太枠で囲った表は，S＝Sales, P＝Proportional Cost, PP＝Proportional Profit, F＝Fixed Cost, P（bT）＝Profit（before Tax）で，英語も知っていただきたいと思って書きました。

　下段は〈比例利益・固定費〉グラフです。2本の線で表しておりまして，上のグラフと同じように，損益トントン売上の個数とかkgとか金額が71個，71 kg, 71 円となる計算式を，暗記するのではなく，理解していただきたいと思います。

　売上が100のときの数字は今までにも出てきましたが，この表では，では，売上が10, 20, 30, 40, 50, 60, 70, 80, 90になったら比例費は幾らになるかという計算をしています。そして，比例利益は幾らになるかを計算すると，比例費も比例利益もみんな売上にスライドしています。しかし，固定費は50で全部同じです。そうすると（税前）利益はどうなるかというと，売上が10のときは−43で非常に赤字ですし，71で損益トントンになることをこの表で理解していただきたいと思います。

10. 損益トントンの時:「比例利益＝固定費である」

図表 10-5 〈売上・比例費・固定費〉グラフ

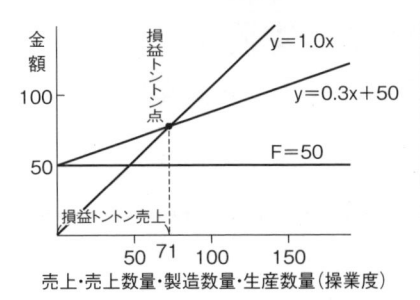

①	売上	100 (1.0)	S = Sales
②	比例費	30 (0.3)	P = Proportional Cost
①−②=③	比例利益	70 (0.7)	PP = Proportional Profit
④	固定費	50	F = Fixed Cost
③−④=⑤	(税前)利益	20 (0.2)	P(bT) = Profit (before Tax)

$x = 0.3x + 50 \qquad y = 1.0x$

$x(1 - 0.3) = 50$ 「損益トントン売上」x は

$x = \dfrac{50}{0.7} = \dfrac{固定費}{比例利益率} = 71$個 or 71kg or 71円

図表 10-6 〈比例利益・固定費〉グラフ

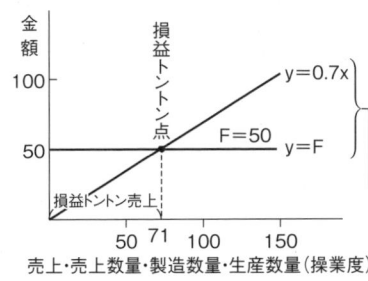

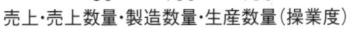

	①	売　上	10	20	30	40	50	60	70	80	90	100	S
	②	比例費	3	6	9	12	15	18	21	24	27	30	P
①−②=③		比例利益	7	14	21	28	35	42	49	56	63	70	PP
	④	固定費	50	50	50	50	50	50	50	50	50	50	F
③−④=⑤		(税前)利益	△43	△36	△29	△22	△15	△8	△1	6	13	20	P(bT)

$0.7x = F$ 「損益トントン売上」x は

$x = \dfrac{F}{0.7} = \dfrac{50}{0.7} = \dfrac{固定費}{比例利益率} = 71$個 or 71kg or 71円

∴ 売上71円 − 比例費21円
　＝比例利益50円, 固定費50円, 利益0円

11. 操業度（売上数量・生産数量・製造数量）には売上（金額）も入る

　「操業度」という言葉は非常に分かりにくいですが，きちんと理解しておいたほうがいいと思います。今すぐ理解しなくても結構です。ただ，一般的には操業度は数量ベースで表されますが，これを見て，売上金額ベースもあることをぜひ理解していただきたいと思います。

　数量ベースでは，狭い意味の操業度と少し広い意味の操業度と2つあります。「100％操業」「30％操業」「70％操業」，ないしは「100％稼働」「30％稼働」「70％稼働」などと言いますが，要するに，工場の設備や機械の生産能力，に対してどれだけ生産できるか工場が何パーセント動くかが「操業度」です。

　次ページの①は狭い意味の操業度で，これは世の中一般の人が分かります。しかし，②の少し広い意味になると，生産・製造だけでなく，売上数量・販売数量も操業度だと理解してください。

　①と②は，皆さんそれでもなんとか分かりますが，売上数量ではなく，売上金額も広い意味の操業度に入ることをここでしっかり理解していただきたいと思います。これは『ビジネス・ゼミナール　会社「経理・財務」入門』（日本経済新聞出版社刊）の297ページに書きましたので，ご参照ください。

11. 操業度(売上数量・生産数量・製造数量)には売上(金額)も入る

図表11-1 操業度とは？

数量ベース	① 狭い意味の操業度：	工場の機械や設備が動く(稼動する,操業する)度合 100％操業・100％稼動に対して30％操業・30％稼動とか70％操業・70％稼動という。 100％操業の時の生産量・製造量,すなわち生産能力(フル生産・フル稼動の時の生産量)に対して○○％操業(稼動)という。
	② 少し広い意味の操業度：	①の狭い意味に,売上数量を加える。生産(製造)した製品の100％販売(フル販売)の売上数量(販売数量)に対して○○％販売という。
売上金額ベースも追加	③ 広い意味の操業度：	①と②は,生産量・製造量や販売数量(売上数量)をベースとした考えであるが,これに販売金額(売上金額=売上数量×売上単価)すなわち売上(売上高・売上金額)も,広い意味の操業度に入れる(拙著『ビジネス・ゼミナール 会社「経理・財務」入門』(日本経済新聞出版社刊)297ページを参照ください)。

1 売上の10％アップで利益は50％増。この不思議！

「売上」と，「比例費」や「固定費」との関係から，売上の増・減でどれだけ「（税前）利益」が増・減するかを見ます。

比例費は，売上が上がれば比例的に増え，下がれば減るという費用です。メーカーの材料費や商社・小売の購入した商品が売れたときの原価（売上原価）などが「比例費」です。一方で，売上の増・減に関係なくいつも同じように発生する費用が「固定費」で，工場や本社の人件費，事務所の賃借料，固定資産の減価償却費などです。

固定費が売上の40％の製品について，

Ⓐ売上が10％増加した場合と，

Ⓑ売上が10％減少した場合の，

2つのケースを見てみます。

Ⓐ 売上が10％アップしたとき

結論：（税前）利益10 → 15，50％増加。

比例費は売上の増加率（10％）と同じ率で増加するので50から55になります。固定費は40とそのままです。（税前）利益は「売上110－比例費55－固定費40＝15」へと，50％も増加します。

Ⓑ 売上が10％ダウンしたとき

結論：（税前）利益10 → 5，50％減少。

説明（略）。

ⒶⒷとも，売上の増・減が（税前）利益に大きな影響を与えます。この（税前）利益への影響は，固定費が高い企業ほど大きいのです。

11. 操業度（売上数量・生産数量・製造数量）には売上（金額）も入る

図表11-2 〈売上・比例費・固定費〉損益計算書〈SPF〉P/L

S	売　　上	100	1.0
P	−）比 例 費	−) 50	0.5
	比例利益	50	0.5
F	−）固 定 費	−) 40	0.4
	（税前）利益	10	0.1

（注）S＝Sales
　　　P＝Proportional Cost＝PC＝P
　　　F＝Fixed Cost＝FC＝F

2 ザックリと売上・比例費・固定費・(税前) 利益を見る

売上 − 総費用（総コスト）＝（税前）利益，すなわち，Sales − Total Cost = Profit（before Tax）= P(bT) です。この総コストを比例費（Proportional Cost = P）と固定費（Fixed Cost = F）に分けます。

S − (P + F) = P(bT)

だから

(S − P) − F = P(bT)

経営会計でよく使う「比例利益」の考え方は，利益の向上・総コストの節減にとても役立ちます。利益の計算には，①「売上 − 比例費 = 比例利益」と，②「比例利益 − 固定費 =（税前）利益」の2段階があります。

3本の太い線（SとTCとF）のうち，総費用線（TC）と売上線（S）が交わるところ（点）が「経営会計上の利益がゼロの点」で，すなわち「損益トントン点」です。

ゼロから出発して，総費用線が売上線を上回っている間は，利益ではなく「損失」が発生しています。しかし，右のほうへ進んで関係が逆転し，総費用線が売上線を下回ると，今度は「（税前）利益」が発生します。

損益トントン点は，「比例利益 = 固定費」の点で，売上は損益トントン売上となります。

① 売上 − 比例費 = 比例利益
　売上を大きく・比例費を小さく→比例利益の増加
② 比例利益 − 固定費 =（税前）利益
　比例利益を大きく・固定費を小さく→（税前）利益の増加

比例費（P）は，例えば製パン会社の場合でいったら小麦粉です。固定費（F）は，人件費・減価償却費・諸経費。この総コスト（TC = P + F）

11. 操業度（売上数量・生産数量・製造数量）には売上（金額）も入る

を売上（S）から引いた残りが，（税前）利益（PbT）です。ですから，最初に述べた（S−P）−F＝P(bT) で，P(bT)＝0 のとき S−P＝F で「利益がゼロのときは，比例利益＝固定費」となります。

〈売上・比例費・固定費〉グラフ＝〈SPFグラフ〉は，利益の構造を理解するのに役立ちます。（税前）利益を増すには，比例利益を大きくして，固定費を小さくします。比例利益を増やすには，売上を大きくして，比例費を小さくします。

しかし，グラフには危険な面があります。グラフ上では簡単に，売上を右側へ増やせるが，現実に売上を増やすのには，大変な努力が必要です。だから，「グラフの上で経営（の検討）をしてはならない」のです。

なお，売上連動型の直接原価計算の損益計算では，在庫はすべて比例費だけ（例えば，本の在庫は紙だけで，パンの在庫は小麦粉だけ）でできると考えます。在庫の動きも計算に反映する場合には，一般の財務会計（制度会計）の損益計算書とは異なる利益が出るので注意が必要です。

図表 11-3 〈売上・比例費・固定費〉グラフ

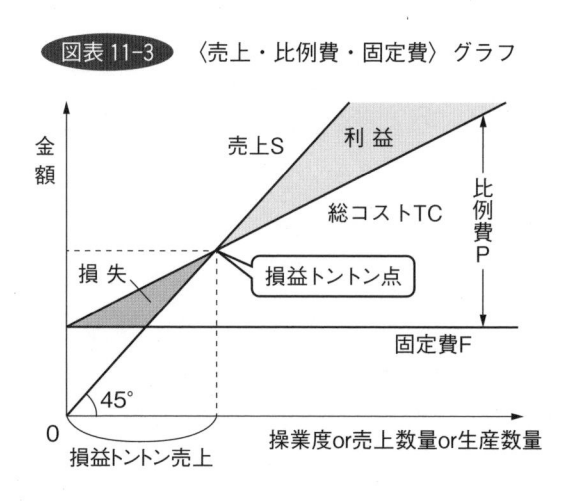

3 ザックリと「〈売上・比例費・固定費〉グラフ=〈SPF〉グラフを」見る

　損益トントン点を表している総費用と売上の金額が一致しているので，この点の位置では利益も損失も出ません。いわばプラスマイナスゼロの状態です。この点から少しでもずれると利益，もしくは損失が発生します。このため，「損」と「益」が0である点という意味で，「損益トントン点」と私は命名しました。この損益トントン点を総費用（比例費＋固定費）と売上との関係で示したグラフを〈売上・比例費・固定費〉グラフとしました。

　損益トントン点より左側，すなわち，「総費用」が「売上」を上回っている状態ならば損失が発生しています。一方，損益トントン点より右側，すなわち「売上」が「総費用」を上回っている状態ならば利益が出ています。つまり，企業は，より右側に売上数量を持っていって利益を増やしたり，同じ売上数量でもコストを下げることでより多くの利益を上げることをめざします。

　このグラフを使うと，損益計画を立てるときに，「いくらの売上を上げるといくらの利益が出る，最低限これだけ売上を上げなければ赤字になってしまう」ということが，なんとなしにグラフの上で分かります。これは，あくまでも「なんとなしに視覚的にわかる」だけです。経営はグラフではなく数字で行うべきです。

11. 操業度（売上数量・生産数量・製造数量）には売上（金額）も入る

図表11-4　〈売上・比例費・固定費〉グラフ＝〈SPF〉グラフ

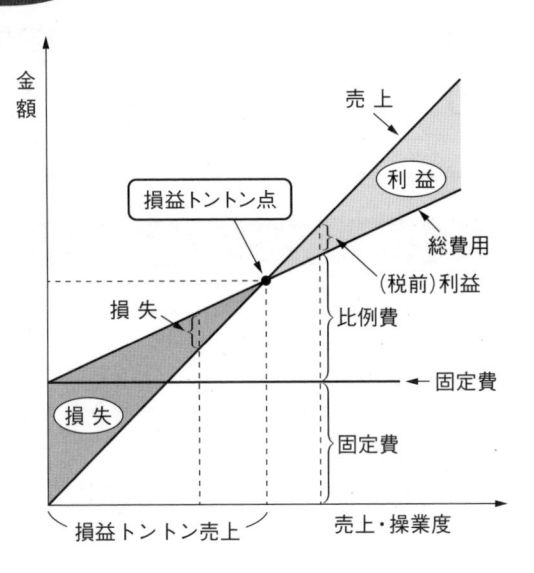

金額

売上
利益
損益トントン点
総費用
（税前）利益
損失
比例費
← 固定費
損失
固定費
損益トントン売上
売上・操業度

12. 〈売上・比例費・固定費〉グラフと損益トントン点

1 損益トントン点

　利益がゼロで，それ以上売れば利益が出て，それ以下だと赤字になる売上の分かれ目の点のことを私は「損益トントン点」といいます。この損益トントン点では固定費＝比例利益（売上－比例費）の等式が成立しています。

　「固定費」は固定して決まっているもの，「比例費」は売上に比例してかかる費用，です。

　固定費プラス比例費が総コストですから英語でいえば「トータル・コスト」です。

　次に，0の始点から45度の線を引く。これが「売上線」S（セールス）です。「総コスト」TC（トータル・コスト）がかかるから，はじめは赤字です。1個目，2個目，3個目，4個目と売れていくにしたがって赤字が減っていきます。そして，5個目になったら赤字はかなり少なくなります。6個目になったら売上線と総コストの線が一致しました。

　7個になったら，売上線が総コスト線を越えた分だけ，もうかります。数が増えれば，増えるほど，もうかります。増えているのは「(税前)利益」です。

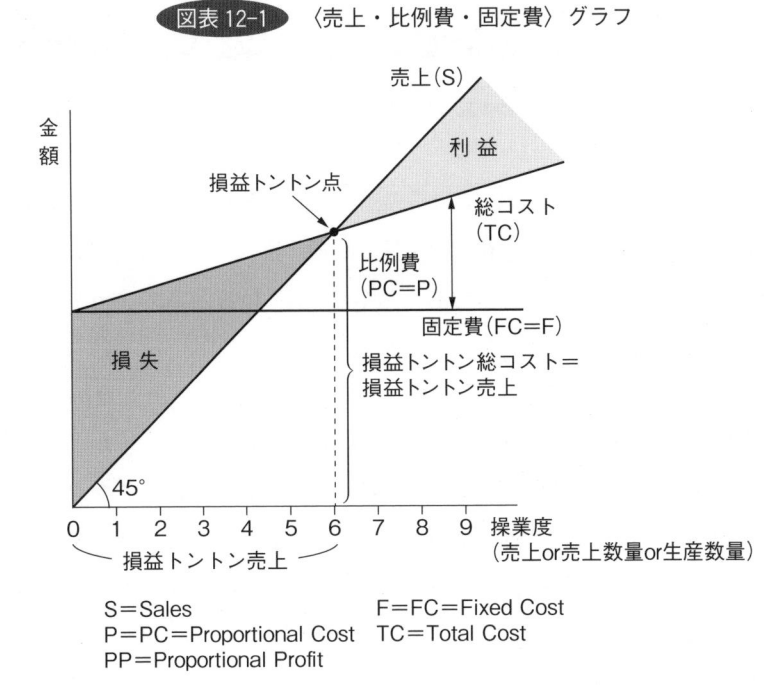

12. 〈売上・比例費・固定費〉グラフと損益トントン点

図表 12-1 〈売上・比例費・固定費〉グラフ

金額／操業度（売上or売上数量or生産数量）

- 売上（S）
- 利益
- 損益トントン点
- 総コスト（TC）
- 比例費（PC＝P）
- 固定費（FC＝F）
- 損益トントン総コスト＝損益トントン売上
- 損失
- 45°
- 損益トントン売上

S＝Sales
P＝PC＝Proportional Cost
PP＝Proportional Profit
F＝FC＝Fixed Cost
TC＝Total Cost

2 比例費が同じ会社 A, B, C 社と, 固定費が同じ会社 D, E, F 社

　まず，メーカーのA・B・C社と，商社・小売のD・E・F社の2種類に分けました。

　上段のA・B・C社については，売上・比例費・比例利益までは同じ数字になっています。固定費は，A社は90，B社は50，C社は30です。そうすると，比例利益は同じでも，固定費が変わるとこのようになることをこの表で見ていただきたいと思います。

　それから，D・E・F社の商社・小売を見ていただくと，比例費が95，70，55と変わると，比例利益は5，30，45になります。しかし，固定費はどの会社も同じ場合に，D・E・Fの利益はこのようになります。固定費が同じでも，比例利益が変わらない場合と変わる場合をこのように並べて，こういうことがありうることを目で見て慣れておくことが，実務では非常に大事ですので，これを載せました。

12.〈売上・比例費・固定費〉グラフと損益トントン点

図表 12-2　メーカーA社, B社, C社の〈SPF〉P/L

		A社	B社	C社	
同じ A, B, C	売　　上 比 例 費	100 −) 30	100 −) 30	100 −) 30	同じ A, B, C
	比例利益	70	70	70	
	固 定 費	−) 90	−) 50	−) 30	
	(税前)利益	△ 20	20	40	

図表 12-3　商社・小売の D社, E社, F社の〈SPF〉P/L

		D社	E社	F社	
	売　　上 比 例 費	100 −) 95	100 −) 70	100 −) 55	
	比例利益	5	30	45	
同じ D, E, F	固 定 費	−) 10	−) 10	−) 10	同じ D, E, F
	(税前)利益	△ 5	20	35	

3　1個（1kg, 1ton）当たりのグラフ［イメージ］

これはイメージ図と考えて。

上のグラフは，皆さんも今までにイメージができているはずです。ところが，売上単価や比例費や固定費について，1個とか，1kgとか，1トン当たりのグラフではどのようになるかというと，比例費はもともと売上に対しての比例ですから，売上数量に対しても比例です。そうすると，比例費は，今までに出てきた固定費と同じように1個当たりは同じです。ところが，売上個数・売上数量が増えていくと固定費が減っていきます。これは一般的・常識的にそうですが，グラフにするとこのようになります。

上のイメージと下のイメージは両方ともイメージとしてもっておくことが大事です。ですから，細かいことは別にして，たくさん作れば固定費が賄われていくというイメージがここから出てきます。上のイメージだけでは十分ではないことを，個別の個数の問題として考えていただきたいという意味で，下の図をあえてここに載せました。

12.〈売上・比例費・固定費〉グラフと損益トントン点

図表 12-4 月当たりのグラフ［イメージ］

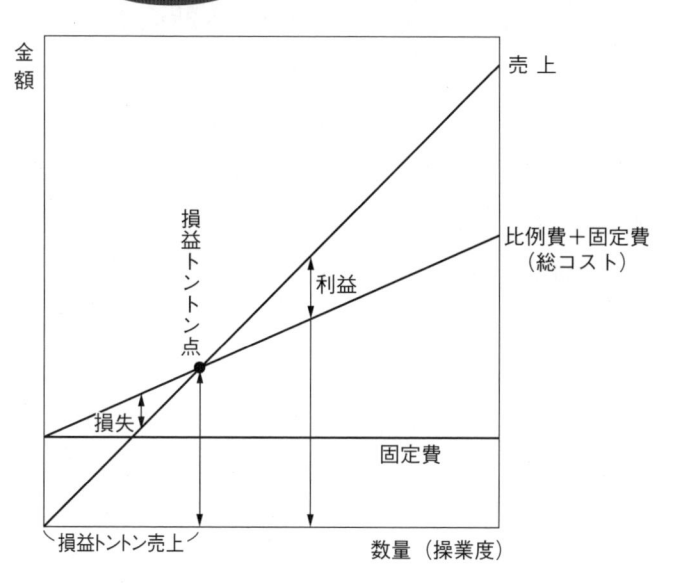

（グラフ：縦軸「金額」、横軸「数量（操業度）」。売上線、比例費＋固定費（総コスト）線、固定費線が描かれ、売上線と総コスト線の交点が「損益トントン点」。交点より右側が「利益」、左側が「損失」。交点から横軸に下ろした位置が「損益トントン売上」）

図表 12-5 1個（1kg, 1ton）当たりのグラフ［イメージ］

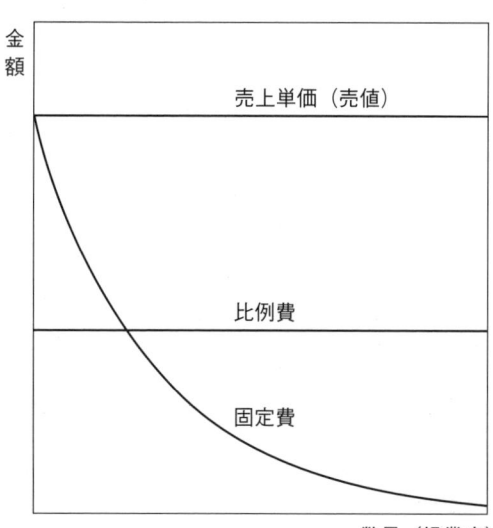

（グラフ：縦軸「金額」、横軸「数量（操業度）」。水平線「売上単価（売値）」、水平線「比例費」、数量の増加とともに減少する曲線「固定費」）

4 比例費と固定費の「総額」と「1個（1kg, 1ton）当たり」

そのイメージを描けたという前提で，比例費と固定費の総額と，1個当たり，1kg当たり，1トン当たり，1数量当たりの説明をします。

比例費については，「総額」は，売上や操業度（生産量など）が増減すると，それに比例して増減する費用です。「単位当たり」，製品（商品）1個当たりの比例費で定額となります。

固定費については，「総額」は「売上や操業度（生産量など）が増減しても増減せず，一定の金額である費用」，です。「製品（商品）1個当たりの固定費は増減します。例えば，大量生産をすれば製品1個当たりの固定費は減少する。」という言葉で表しましたが，この言葉は忘れても，前ページのグラフのイメージはいつも頭にサッと浮かべることが大切です。

12.〈売上・比例費・固定費〉グラフと損益トントン点

図表 12-6　比例費と固定費

	総　　額	単位当たり
○比例費	売上や操業度（生産量など）が増減すると，それに比例して増減する費用	製品（商品）1個当たりの比例費は定額となる。
○固定費	売上や操業度（生産量など）が増減しても，増減せず一定の金額である費用	製品（商品）1個当たりの固定費は増減する。例えば，大量生産すれば製品1個当たりの固定費は減少する。

13. 〈比例利益・固定費〉グラフと損益トントン点

1 〈比例利益・固定費〉グラフ

　これは、前にも出てきた〈比例利益・固定費〉グラフですが、x′がヨコの補助線で、y′がタテの補助線で、角度が90°です。これはけっこう大事です。x′, y′がカネコの補助線です。

　今まで、固定費のこれとこれの交点で決まるというお話をしました。これは比例利益率が0.7ということです。ここにx′とy′の線を引くと、0.3が比例比率であることが分かります。y′の線がないと今までと同じですが、0.7と0.3を足すと1.0になるということは何を意味するかといいますと、1.0は売上比率です。売上に対する売上比率が1.0, 売上に対する比例費率が0.3, 売上に対する比例利益率が0.7, ということはx′の線を引くことによって分かりますが、y′を引くことによって、ここに90°であることを頭に描いてこの2本の線を見るのと、そうではないのとでは比例利益を見る目が違ってきます。

　なぜかというと、x′の線とy′の線があって、x′は売上・操業度というヨコの線まで、y′は金額というタテの線まで動いていくことを頭に描いておくと非常にいいと思います。本当はヨコの補助線だけでいいのです。

　$y=0.7x$ の0.7は比例利益率ですから、0.3が比例費率だということが分かります。比例費率のグラフが始まるとなれば、ここにこのように斜めに引かれたこの線があったほうがいいという意味です。

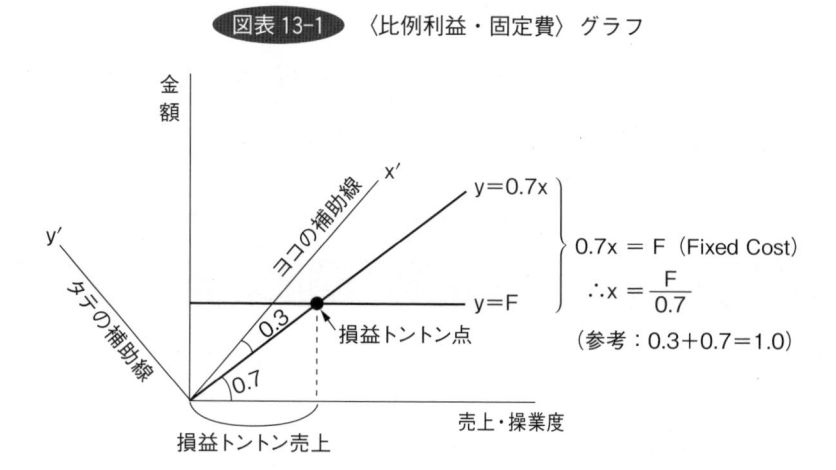

13. 〈比例利益・固定費〉グラフと損益トントン点

図表 13-1　〈比例利益・固定費〉グラフ

$y = 0.7x$

$\left.\begin{array}{l}\end{array}\right\}$ $0.7x = F$（Fixed Cost）

$\therefore x = \dfrac{F}{0.7}$

$y = F$

（参考：$0.3 + 0.7 = 1.0$）

ヨコの補助線
タテの補助線
損益トントン点
損益トントン売上
売上・操業度
金額
0.3
0.7

14. 〈比例利益・固定費〉グラフとカネコの補助線

1 カネコの補助線（x′とy′）

　これはカネコ昭の補助線ですが，私は，ある日，寝転がっているときに，〈比例利益・固定費〉グラフの補助線x′とy′を書くことに気がつきました。y＝Fの傾斜角度はヨコ棒ですから0°です。y＝0.7，つまり比例利益の傾斜角度は1.0：0.7で，y＝0.7xと補助線x′との傾斜角度が1.0：0.3で，これが比例費になりますが，x′に対して90°の傾斜角度のy′の線が欲しくなったのです。

　ここまでは理屈でなるほどと，一人で思っていますが，その後，このグラフを見ていていつも感じるのは，売上の大切さとか1円の利益の大切さが感じられないということです。だから，比例費とか，比例利益とか，固定費とか，そういうものを理解するためにはこのグラフは有用ですが，一番はじめにいいましたように，〈売上・比例費・固定費〉グラフも，この〈比例利益・固定費〉グラフも，経営を真に向上させるために使用する道具として多くの経営条件を検討するにはデータが極めて不足する面があるので，グラフで経営をしてはいけないと感じています。

　繰り返しになりますが，y＝Fの傾斜角度0°，y＝0.7xの傾斜角度1.0：0.7，y＝0.7xと補助線x′との傾斜角度1.0：0.3，x′とy′の傾斜角度90°＝1.0：1.0…などに，思いをめぐらしています。そして，いつも感じることがあります。それはこの〈比例利益・固定費〉グラフには，会社経営で最も大切な「売上の大切さ」「1円の利益の大切さ」が直接的に感

14. 〈比例利益・固定費〉グラフとカネコの補助線

じられないという大きな欠点があることです。

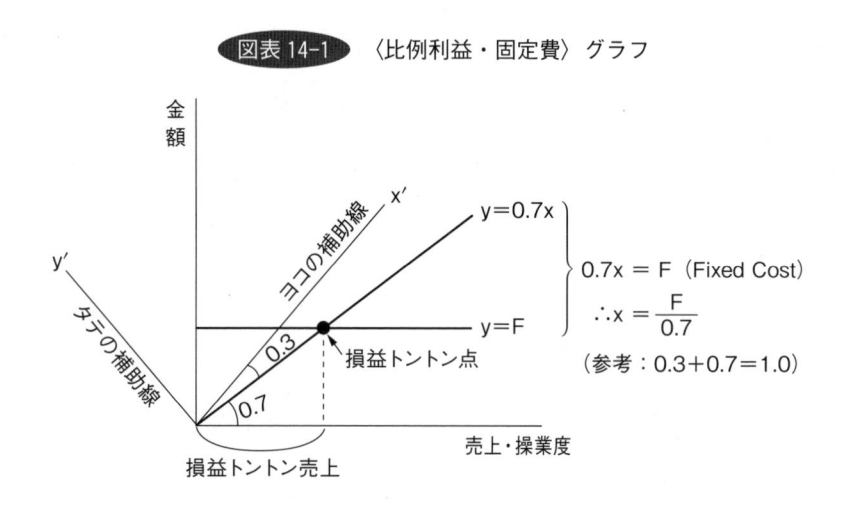

図表 14-1 〈比例利益・固定費〉グラフ

金額

y′

タテの補助線

x′

ヨコの補助線

$y = 0.7x$

0.3

0.7

損益トントン点

$y = F$

損益トントン売上

売上・操業度

$0.7x = F$ (Fixed Cost)

$\therefore x = \dfrac{F}{0.7}$

(参考：0.3＋0.7＝1.0)

2 〈比例利益・固定費〉グラフ＝〈PP・F〉グラフと「経営の本当のねらいは100％操業」

　図表はこれでよろしいですが，改めて操業度を100％から0％までヨコにもってきました。そうすると，数量でも金額でも結構ですが，100％が12.0としたら，売上，売上数量，生産量がそれぞれどのようになるかというと，12.0, 10.8, 9.6, 8.4, 7.2, 6.0, 4.8, 3.6, 2.4, 1.2, 0.0まであって，損益トントンのところは，先ほどから申し上げているように7.1になるケースです。

　しかし，それが経営ではなく，12.0を目指すのが経営です。例えば，1,200万円の売上とか，12個の売上とか，とにかく，12.0がフル（100％）操業で，それが経営だということを，右のタテの操業度の表を見ていていつも思います。「経営の本当のねらいはフル（100％）操業」と書いたのはそういう意味です。

　販売と生産とをまとめた，経営の本当の目的は「フル生産・フル販売」です。

14. 〈比例利益・固定費〉グラフとカネコの補助線

図表14-2 〈比例利益・固定費〉グラフ＝〈PP・F〉グラフと「経営の本当のねらいは100％操業」

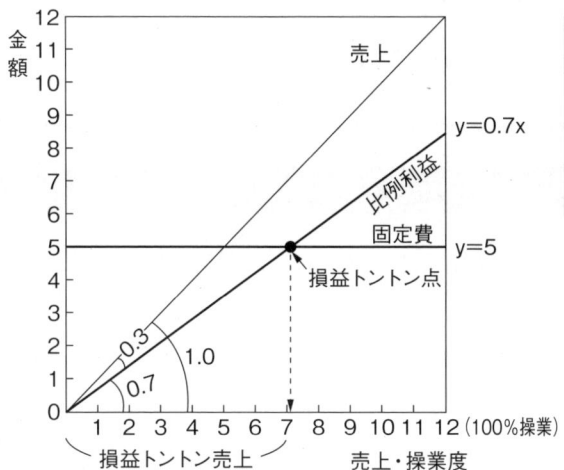

操業度	売上・売上数量・生産量など
100％	12.0
90	10.8
80	9.6
70	8.4
60	7.2
50	6.0
40	4.8
30	3.6
20	2.4
10	1.2
0	0.0

15. 超やさしい「ふつうのP/L・I/S（損益計算書）」

1 5つの利益

　ふつうのP/L or I/S（損益計算書）は，1つの事業年度（1期）の間に会社が上げた5つの「利益」または「損失」を示します。この中に「利益」と名のつくものが5つあります。

　では，これから5つの「利益」について見ていきます。

Ⓐ 売上総利益（＝粗利益）

　売上から売上原価（売り上げた品物の原価）を差し引いたものが「売上総利益（＝粗利益＝荒利益＝あらりえき）」です。

Ⓑ 営業利益（または営業損失）

　売上総利益から販売費・一般管理費を差し引いたものが「営業利益」です。

Ⓒ 経常利益（または経常損失）

　通常の売上から上がる営業損益のほかに，おカネの貸し借り，投資などを源泉とした受取利息，受取配当金，支払利息など，営業外損益があります。この営業外損益を加減算（加算と減算）した結果の損益が「経常利益」です。

Ⓓ 税前利益（または税前損失）

　経常利益に特別損益を加減算した結果が「税前利益」です。

❺ 当期純利益（または当期純損失）

税前利益から法人税等（法人税・住民税・事業税など）を差し引いたものが，その事業年度（当期）に上げた当期純利益です。

図表15-1　ふつうの損益計算書の5つの利益

5つの利益

売　　　上	100
売上原価	−) 80
①売上総利益	20
販売費・一般管理費	−) 8
②営業利益	12
営業外収益	+) 5
営業外費用	−) 3
③経常利益	14
特別利益	+) 2
特別損失	−) 1
④(税前)利益	15
法人税等	−) 7
⑤当期純利益	8

2 ふつうのP/L・I/Sの5つの売上利益率

「利益率」は、売上の中にどれだけ利益があるのかの率を示します。例えば、「売上利益率」ならば、売上のうちどれだけの金額が利益かを示します。

今期、売上が500万円、利益が60万円でした。「売上利益率」とは売上に対して利益が何割あるかを示すものなので、式にすると「売上利益率＝利益÷売上」となります。

「売上利益率＝利益60万円÷売上500万円＝0.12」。

さて、ここまで「利益」という言葉を使ってきたが、前項で説明したとおり、「利益」にもいくつかの種類があります。

売上から売上原価を差し引いた「売上総利益」、その売上総利益から販売費・一般管理費を引いた「営業利益」、営業利益から営業外損益を引いた「経常利益」、さらにそこから特別損益を引いた「税前利益」、さらにそこから税金を差し引いた「当期純利益」といった具合です。

「売上総利益」を売上で割れば「売上総利益率」になるし、同様に「営業利益」を売上で割ったものなら「売上営業利益率」となります。

15. 超やさしい「ふつうのＰ／Ｌ・Ｉ／Ｓ（損益計算書）」

図表 15-2　「売上，利益率」の計算方法

売上利益率の求め方

$$売上利益率 = \frac{利益}{売上}$$

Ａ社の売上・利益
売上……500万円
利益……60万円

Ａ社の売上利益率

$$売上利益率 = \frac{利益}{売上}$$

$$= \frac{60万円}{500万円} = 0.12$$

図表 15-3　5つの売上利益率

$$売上総利益率 = \frac{売上総利益}{売上}$$

$$売上営業利益率 = \frac{営業利益}{売上}$$

$$売上経常利益率 = \frac{経常利益}{売上}$$

$$売上税前利益率 = \frac{税前利益}{売上}$$

$$売上当期純利益率 = \frac{当期純利益}{売上}$$

3 損益計算書もバランスシートも「終わりの残」

　損益計算書もバランスシートも，載っている数字は「残・増・減・残」「残・減・増・残」の「終わりの残」であることをこの図で見ていただければ結構です。

　例えば，売上についていえば，右から左へ残・減・増・残で，売上には「はじめの残」がありませんが，売上が増えて，売上値引きなどをして減って，そして売上金額が決まります。これは残・減・増・残の「終わりの残」です。給料も「はじめの残」は0ですが，給料が増えて，間違いが起きたために減ったら，これが「終わりの残」です。P/L・I/S上の数字はすべて「終わりの残」です。

　バランスシートでも，例えば現金は「残・増・減・残」の「終わりの残」です。借入金も，「残・減・増・残」の「終わりの残」が載ります。資本金も，増資したり減資したようなことがあっても，とにかく決算期3月31日の「終わりの残」が載るのです。

15. 超やさしい「ふつうのP／L・I／S（損益計算書）」

図表 15-4　バランスシート（X年3月31日現在）

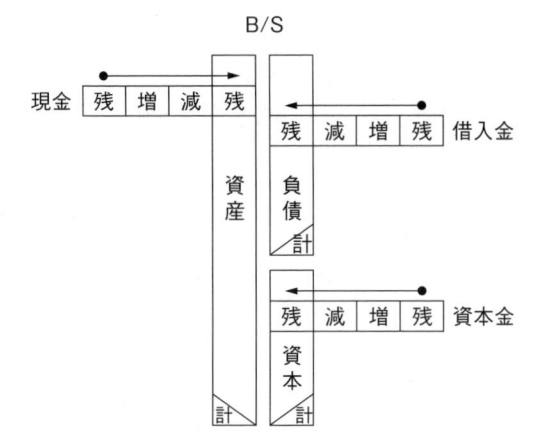

$\left(\begin{array}{c}\text{科目の「残増減残」「残減増残」の終わりの残}\\ \text{残 = balance = バランス}\end{array}\right)$

B/S

現金	残	増	減	残					

資産 計

| | | | | | 残 | 減 | 増 | 残 | 借入金 |

負債 計

| | | | | | 残 | 減 | 増 | 残 | 資本金 |

資本 計

図表 15-5　損益計算書

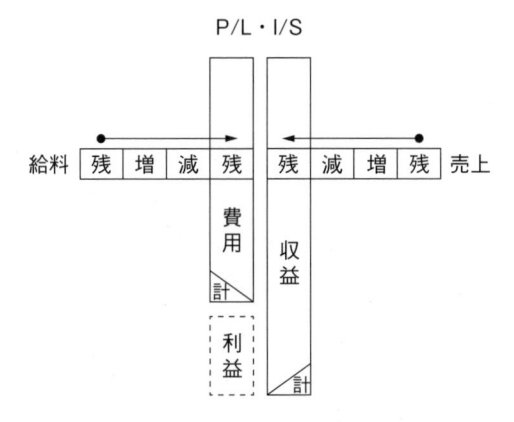

$\left(\begin{array}{c}\text{科目の「残増減残」「残減増残」の終わりの残}\\ \text{残 = balance = バランス}\end{array}\right)$

P/L・I/S

給料	残	増	減	残	残	減	増	残	売上

費用 計　　収益 計

利益

4 P(比例費=Proportional Cost)とF(固定費=Fixed Cost)

売上に比例するP（比例費）も売上に比例しないF（固定費）も会社等（会社・店・個人企業・個人）の中のコスト（費用）です。

「給料分は働いている」という人がいます。

しかし，実は会社等（会社・店・個人企業・個人）は「給料分は働く」だけでは十分ではないのです。

会社等にとって，従業員に支払う給料はコスト（費用）で，会社の中で消費される（従業員が消費する）ものもコストです。例えば，パソコンが支給されるのにもコストがかかります。パソコンの稼働電気代もコスト。照明，クーラー，暖房，電話代，電車やタクシーの交通費，手を洗う水道代，消耗品や備品，鉛筆やシャープペンシル，消しゴム，セロハンテープにガムテープもコスト。オフィスでボ～っとしているだけでも賃借料がかかります。これは土曜日も日曜日も，かかっています。

15. 超やさしい「ふつうのP／L・I／S（損益計算書）」

図表15-6 いろいろなコスト（P＝比例費，F＝固定費）

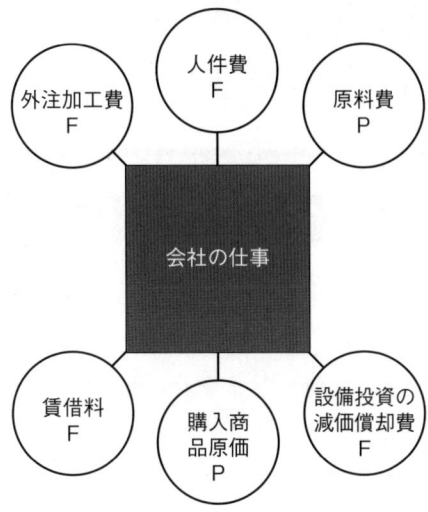

- 外注加工費 F
- 人件費 F
- 原料費 P
- 会社の仕事
- 賃借料 F
- 購入商品原価 P
- 設備投資の減価償却費 F

16. 減価償却費（代表的な固定費）

1 減価償却費とは？

　固定費の代表的なものを2つあげなさい，と言われれば，1つは人件費で，2つ目は減価償却費です。機械装置や建物などの固定資産は使うことでその価値が低下（減価）します。これを帳簿価額（簿価）から消し去る（消却する＝償却する）する，すなわち，その目減り分を費用とすることが減価償却費（用）です。

　例えば，機械を100買って（増），減価償却費を10計上したとすると（減），翌年，機械の簿価は90になります。また，減価償却費を10計上すれば，翌々年の簿価は80になります。

　ここで，「残増減残」で考えてみると，期の始めの「残」は0。期中の「増」は100。期の終わりの「残」は90となります。

　機械など固定資産で大切なことは，性能がしっかりしたものを徹底的に安く買うことです。耐用年数（使用に耐える年数）10年の100のものを80で買えば，減価償却という固定費は，1年当たり2ずつ（[100－80]÷10＝2），10年にわたって合計20もコスト（固定費）が安くなります。

16. 減価償却費（代表的な固定費）

○ 今年末，機械を100円で買った

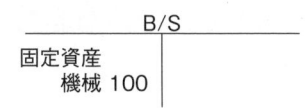

```
         B/S
─────────────────────
 固定資産
   機械 100  │
```

○ 翌年，10円減価償却した

```
         B/S                          P/L
─────────────────────      ─────────────────────
 固定資産                    機械の減価償却費  10
   機械  90  │                               │
       ⋮                              ⋮
```

○ 10年後も，10円減価償却した

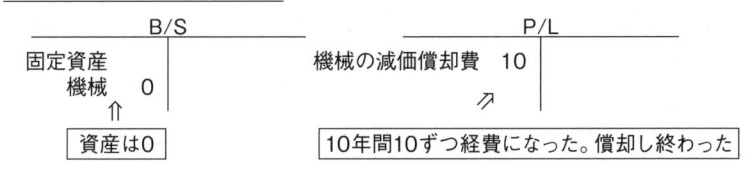

```
         B/S                          P/L
─────────────────────      ─────────────────────
 固定資産                    機械の減価償却費  10
   機械   0  │                       ↗
        ⇑
```

| 資産は0 | | 10年間10ずつ経費になった。償却し終わった |

125

2 固定資産の減った分,減価償却費という費用になる(B/SとP/L)

　ここでは金額が出てきますが,例えば車を150万円で買ったとします。乗用車の場合は耐用年数が6年ですが,1年当たりの減価償却は,6で割りますから25万円です。どのように帳簿価額が減っていくかというと,毎年25万円ずつ減価償却をすると,その25万円はP/Lの費用になって,固定資産の簿価が25万円ずつ減っていきます。ですから,はじめの1年度末には150から25を引いて125になって,だんだん減っていって6年度末には0になります。

　特に難しいことはありませんが,前に説明した「減価償却とは」の簿価の減り方が定額で減っていくことを示したわけです。その減り方をグラフにすれば次ページの図のようになります。

図表16-1　乗用車の減価償却費(定額法)

〈乗用車以外の機械・建物などでも同様である〉

○取得価額(購入価額)　　　150万円

○耐用年数(使用に耐える年数)　6年

○1年当たりの減価償却費　25万円

$$\frac{150万円}{6年} = 25万円/1年当たり$$

○残存簿価(毎年度末残って存る帳簿価額)

	簿価	計算
1年度末	125	150－25
2年度末	100	125－25
3年度末	75	100－25
4年度末	50	75－25
5年度末	25	50－25
6年度末	0	25－25

16. 減価償却費（代表的な固定費）

図表 16-2　乗用車の減価償却費

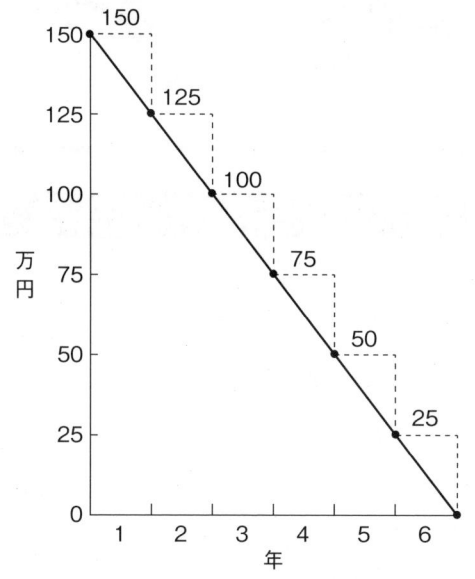

（縦軸：万円、横軸：年）

1年目: 150
2年目: 125
3年目: 100
4年目: 75
5年目: 50
6年目: 25

〈1年に25万円ずつ（定額）償却する方法（定額法）で，英語ではストレート・ライン・メソッド（Straight Line Method）という〉

17. 超やさしい「ふつうのB/S（バランスシート）」

1 B/S を資金の面から見る

　バランスシートの見方には5つも6つもありますが，パッと見たときに一番分かりやすい説明としては，左方は自分のものである資産，右方は，他人から借りて返さなければいけないものと，自分が出資したもの，――このように分けます。

　バランスシートを資金面から見ると，「調達」といいますが，お金の源泉，お金が入ってくるもとが右方であって，左方は使い道（運用）という見方がいいと思います。

　しかし，それだけではどうしても足りないことが1つあります。それは下の吹き出しに，「(資本の呼び方はいろいろある) 資本，自己資本，株主資本，純資産，純財産，資本の部」と書いてあります。簡単にいうと，これはみんな同じですが，どうしてもこの言葉を付け加えないと，入ってきたものでも，上の段は他者に，例えば銀行などに返さなければなりません。下の段は基本的に返さなくてもいい。それはなぜかというと，自分のお金だからです。

　これはあとでも出てきますが，「資金の調達」「資金の運用」というざっくりした分け方でバランスシートを見る目をもってほしいと思います。

17. 超やさしい「ふつうの B/S（バランスシート）」

図表 17-1 B/S

資　産	負債（マイナスの資産）
現金ほか 自分のもの	他人への義務 （債務）
自分の権利 （債権）	**資本（純資産）** 資産から負債 を引いたもの

← 資金の使い道（運用） →
← 資金の源泉（調達） →

（資本の呼び方はいろいろある）
資本，自己資本，株主資本，純資産，純財産，資本の部

2 バランスシートは「科目」の「残増減残」の終わりの残

　決算書は1年度だけを見るのでなく，前年度や前年同期と比較するのが大事です。そのとき，ただ増えた，減ったと経営の結果の「残」だけを問題にするだけでなく，そこに至る「増・減」や「減・増」＝経営実行を見るのが大切であり，じつはこれが仕訳の左（借方）・右（貸方）の正体でもあります。

　また，「科目の四マス」は，2005年9月9日に，私，金児昭の商標登録（登録第4892707号）が，「残増減残」は，2004年11月19日に，同じく私，金児昭の商標登録（登録第4818389号）が，されました。世界中のみなさんに，無償でどんどん使ってほしいのです。

　ここで「科目の四マス」と「残増減残」の英語について説明します。英語の「科目の四マス」は「クォーターズ・オブ・アカウント＝Quarters of Account」。「残増減残」は「びーびー・あい・でぃー・いーびー＝BB. I. D. EB」です。なお，BBはBeginning Balance，IはIncrease，DはDecrease，EBはEnding Balanceです。

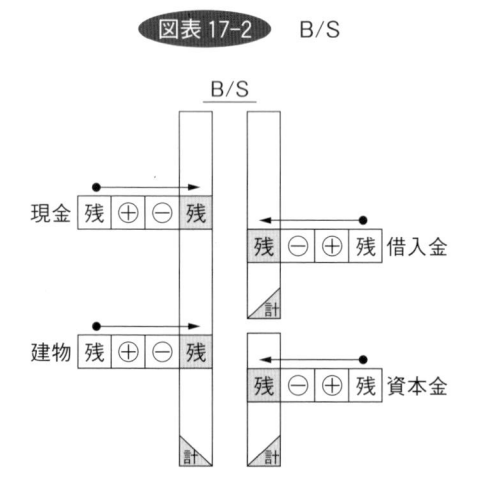

図表17-2　B/S

3 「残増減残」と「科目の四マス」があれば,「借方」「貸方」はいらない

　「残増減残」で決算書と経営を関連づけ,バランスシートと損益計算書が読め,つくれるのが,私が生み出した「科目の四マス」です。もともと経理・財務には受払表(私は受払残表,のちに残受払残表と呼んでいました)があります。これを発展させて行き着いたのが「残増減残」と「科目の四マス」です。

　このうち,科目の四マスの初めの残と終わりの残以外の真ん中の2つのマスは,いつも「左は左」で「右は右」です。この左右の組み合わせが「仕訳」で,それが「経営」そのものです。

　このようにバランスシートのすべての科目に四つのマスをつくって,左側は左から「残増減残」,右側は右から「残減増残」の数字を入れていきます。すると,今年の年末の残＝今年の年末のバランスシート＝今年の年末の財産の状態が出てきます。

　同時に,それぞれの科目の「残」の差＝ネット(純増・純減)だけでなく,「増・減」を見ることで,差の中身(グロス)＝経営行動がより詳細に読み解けます。

18. 売上・直接原価計算
―1年に1秒だけ全部原価計算。
あと31,535,999秒は売上・直接原価計算―

1 全部原価計算と直接原価計算

　この本はもともと,「損益トントン売上」,「売上に対しての比例費」,「売上から比例費を差し引いた比例利益」,「売上に比例しない固定費」「比例利益から固定費を差し引いた（税前）利益」などの実務につき,そのエンピリカル・ナレッジ（体験知識＝empirical knowledge）を,できるかぎり,やさしく述べたものです。

　この内容をメーカーの「原価計算」という観点から見ると,"材料費・労務費・製造経費の全体をひとまとめにして製品原価を計算する"「全部原価計算」があります。もう1つの原価計算は,"売上に直接的に比例する費用（原価）であれば比例費,また,売上とは直接的には関係なく固定的（非比例的）な費用（原価）であれば固定費です"。これが「直接原価計算」です。ここで,「全部原価計算」と「直接原価計算」それぞれの損益計算をグラフでザックリと見ます。

18．売上・直接原価計算

図表 18-1 全部原価計算による損益計算書

```
       売    上          100

    －)売上原価         －)60
       (製造原価)
          ↑
       ⎛材 料 費  25⎞
       ⎜労 務 費  10⎟
       ⎝製造経費  25⎠

    －)販売費・一般管理費  －)20
       ─────────────────
            (税前)利益    20
```

図表 18-2 直接原価計算による損益計算書

```
       売    上          100

    －)比  例  費       －)30
       [比例原価(材料費)   30]
       ─────────────────
            比例利益      70

    －)固  定  費       －)50
       [固定製造費        35]
       [固定販売費・一般管理費 15]
       ─────────────────
            (税前)利益    20
```

133

2 「売上・直接原価計算」とは

　全社総費用（総コスト）でも，工場の製造費用でも，本社・支店・営業所の費用（経費）でも，ある期間（1か月，1年）でその金額をとらえます。この総費用（総コスト）を，売上の増減に比例する比例費（直接原価）と，売上の増減に関係なく一定額が発生する固定費に分解します。そして，売上から比例費（売上に直接比例する）を差し引いて比例利益（売上に比例する）を求め，それから固定費を差し引いたものが（税前）利益です。このように売上を頭においた製造費用分析，比例利益・（税前）利益分析を行う原価計算を，一般に直接原価計算（ダイレクト・コスティング＝Direct-Costing）といいます。私は1989年より「この直接原価計算は本来世界中で，"売上・直接原価計算"というべきです」と申してきました。拙著『「経理・財務」〈上級〉』，『ビジネス・ゼミナール　会社「経理・財務」入門』（日本経済新聞出版社）においては，直接原価計算という言葉にかえて「売上・直接原価計算」（Sales・Direct-Costing）という言葉を使いました。売上に直接的に比例する比例費だけを，まず，つかむ原価計算が，直接原価計算です。

　このように，売上と比例費と比例利益にまず注目して，そこから固定費を引いて（税前）利益を算出するものが「売上・直接原価計算」です。

　この計算で，製品在庫金額は比例費（その代表的な科目は原料費・委託加工費）でできています。だから固定費は，製造固定費，工場・本社の減価償却費，販売費，一般管理費，金利などで，発生時に，〈売上・比例費・固定費〉P/L（Profit & Loss Statement）またはI/S（Income Statement）に直接記入されます。

18. 売上・直接原価計算

図表18-3 売上・直接原価計算「Sales・Direct-Costing」に基づく P/L or I/S

比例費 {	売　　　上	①	100
	比 例 原 価 ︰ 比 例 販 売 費 }	②	30
	比例利益	①−②=③	70
固定費 {	固定製造経費 ︰ 固 定 販 売 費 ︰ 一 般 管 理 費 ︰ 金　　　利 }	④	50
	（税前）利益	③−④=⑤	20

〈SPF〉P/L
（売上・直接原価計算）

S	売　　上		100 (1.0)
P	−) 比例費	(売上に直接比例する材料費など)	30 (0.3)
	比例利益		70 (0.7)
F	−) 固定費（工場＋本社）		50 (0.5)
	（税前）利益		20 (0.2)

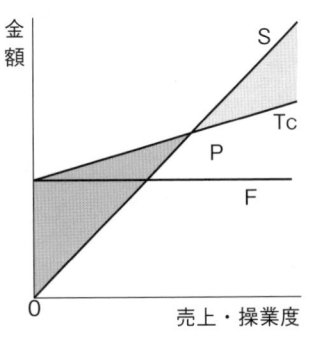

売上＝Sales（S）
比例費＝Proportional Cost（P），比例利益＝Proportional Profit（PP）
固定費＝Fixed Cost（F），（税前）利益＝Profit（before Tax）＝P（bT）

3 米シンテック社の36年間・実践「売上・直接原価計算」

信越化学の米国の100％子会社シンテック社は，36年前の1976（昭和51）年から「売上・直接原価計算」を実践してきています。

・月次決算と日次決算では「売上・直接原価計算」，すなわち，「［売上・比例費・固定費］損益計算書」（Sales・Proportional Cost・Fixed Cost＝SPF P/L or I/S）です。

これは，製品別に行います（なお，得意先へ製品を送る運賃は売上から控除していますが，本書は運賃を販売直接費，すなわち，販売費・一般管理費に入れます）。

・以上は経営会計で，1月1日から12月31日の夜中までは，この方式で経営しますが，12月31日夜中の0時00分の前の1秒だけは，財務会計（法規に則った会計）の売上・全部原価計算を行います。1秒後（0時00分1秒）には，経営会計の売上・直接原価計算，すなわち，［売上・比例費・固定費］P/L or I/Sへ戻します。

18. 売上・直接原価計算

図表 18-4

B/S	
(資産)	(負債)
製品科目	
（比例費だけからできている）	(純資産＝資本)

P/L	
(費用)	(収益)
比例費	売上
比例利益	
固定費	
(税前)利益	

19. 経営簿記
―「科目の四マス」と「残増減残」―

1 経営簿記の仕訳で，B/S と P/L or I/S を見てみよう

　P/L or I/S の当期純利益5円は，B/S の資本金（元手）にプラスされる「利益剰余金の増（売上）と減（費用）の差（儲け）ですから，B/S の純資産の中の利益剰余金が5円増えた結果です。

　1873～74（明治6～7）年に福澤諭吉さんが米国の専門学校の BookKeeping（簿記）の本を訳して，『帳合の法』を出版して以来，表立って，私のようにいう人はいませんでした。私は1人高らかに宣言します。この私の宣言のイメージ内容は細部では間違っているかもしれません。しかし，私の38年間の「経理・財務」（私の1989年の造語）生活の中で，どうしてもいまの世界中の簿記のイメージを変えたいと願いつつ，2004（平成16）年に『リーダーのための簿記の本』（中経出版）を書き，2006年秋には『日経式　おとこの「家計簿」』（日本経済新聞社との共編著），さらに2007（平成19）年2月に『これでわかった！バランスシート』（PHPビジネス新書），同9月に『日本一やさしい英文簿記・会計入門』（編著・税務経理協会），2008（平成20）年12月に『「経理・財務」これでわかった！』（PHPビジネス新書）で，このような考えを打ち出してきました。福澤諭吉さんはとてつもない大きな仕事をされ，日本国の発展に大きく貢献されましたが，ただ1点，dr.（デター）と cr.（クレディター）を意味のない「借方」「貸方」と訳してしまわれた。これがわが国の簿記教育をゆがめたことはとても残念です。

　経理・財務では毎分登場するほどなじみ深い言葉ですが，「借方」「貸

方」という言葉そのものには，じつは意味はありません。

　決算書を作るとき，経理は「複式簿記」で「仕訳」を行います。複式簿記とは1つの取引を両面から見る帳簿のつけ方です。その2つの面の一方を「借方」と呼び，もう一方を「貸方」と呼びます。このように2つに分けるのが「仕訳」です。

　左側・右側でもいいし，左手・右手でも構いません。「借」「貸」という名称にはなんの意味もなく，ただの記号にすぎないのです。

　経理・財務では，あまりにふつうに使っているので，事業部門の人の前でも，ついこれが出てしまいがちです。それを意識的にやめることで，経理・財務の人は事業部門の人たちにわかってもらえるように伝えるにはどうすればいいかを考えます。ぜひ先に述べた，「残増減残」「残減増残」，「科目の四マス」と，一般の簿記の「借方」「貸方」との違いを考えてみてください。それは自分にも会社等（会社・店・個人企業・個人）にも勉強になり，一挙両得です。

2 バランスシートも損益計算書も,「科目の四マス」・「残増減残」の残

　ここでは,バランスシートと損益計算書のやさしい作り方をさっとみます。

　図の中の,「科目の四マス」を使った仕訳の①,②,③,④,⑤,（注）を読んでください。3／31現在のバランスシートの現金の残が28,貸付金の残が7,借入金の残が20,資本金の残が10,利益剰余金の残が5,であることを確認してください。次に4／1から翌年3／31までの損益計算書の売上の残が50,給料の残が45で,結果として当期純利益の残が5であることを確認してください。

　もう一度,「科目の四マス」と「残増減残」「残減増残」を使ったバランスシートと損益計算書を見てください。そして,それらに載る数字は,科目の残（balance）であることを確認してください。なお,「科目の四マス」の

|残|増|減|残|, |残|減|増|残| の |増|減|, |減|増| が会社等（会社・店・個人企業・個人）の「経営の動き」そのものです。

19. 経営簿記

「科目の四マス」と「残増減残」「残減増残」を使ったバランスシートと損益計算書をご覧ください。そこに載る数字は，科目の残高（balance）であることを確認してください。なお，「科目のの四マス」

| 残 | 増 | 減 | 残 |，| 残 | 減 | 増 | 残 | の増減，減増が「経営の動き」です。
　　左　右　　　　　　左　右

「科目の四マス」を使った仕訳

① 資本金10を現金で会社に払い込む。
② 銀行から20を借り，現金で入金した。
③ A社に7を現金で貸し付けた。
（注）利益剰余金（の増が売上，減が給料）と当期純利益に同時に同額の5が記入される。
④ コンサルタントをして50現金をもらった。
⑤ 給料を現金で45払った。
（注）この結果，利益剰余金の純増5と当期純利益とは同じ5である。

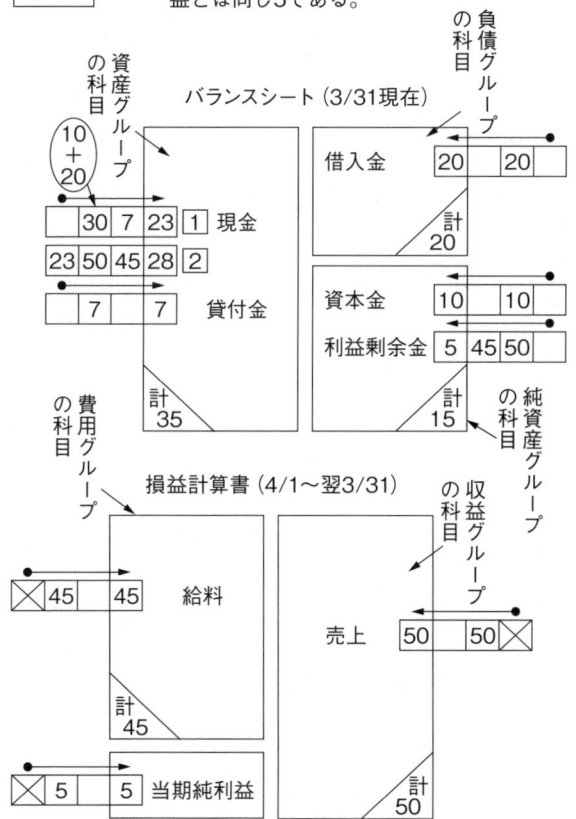

バランスシート（3/31現在）

資産グループの科目
- 現金： (10+20) 30 7 23 ① / 23 50 45 28 ②
- 貸付金： 7 7
- 計 35

負債グループの科目
- 借入金： 20 20
- 計 20

純資産グループの科目
- 資本金： 10 10
- 利益剰余金： 5 45 50
- 計 15

損益計算書（4/1〜翌3/31）

費用グループの科目
- 給料： 45 45
- 計 45
- 当期純利益： 5 5

収益グループの科目
- 売上： 50 50
- 計 50

3 商標登録「科目の四マス」と「残増減残」

The Mark: Quarters of Accounts

List of Goods and Services: Class 9 Recorded CD-ROM, and computer program
Class 16 Magazine, book, and magazine book

Owner of the Trademark Right: Akira Kaneko
3-25-2, Kotesashi-cho, Tokorozawa-shi, Saitama

Application Number：2004-116175
Filing Date：December 8, 2004

This is to certify that trademark is registered on the register of the Japan Patent Office.

September 9, 2005
Commissioner, Japan Patent Office

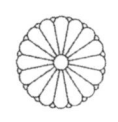

商標登録証
(CERTIFICATE OF TRADEMARK REGISTRATION)

登録第４８９２７０７号
(REGISTRATION NUMBER)

商標(THE MARK)

科目の四マス

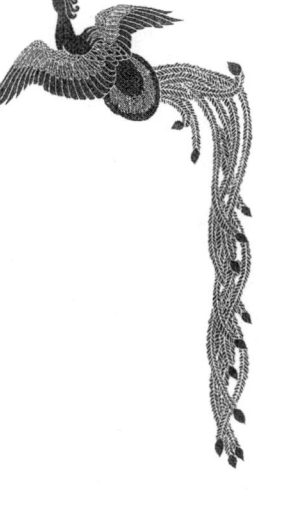

指定商品又は指定役務並びに商品及び役務の区分(LIST OF GOODS AND SERVICES)
　第 ９類　　　記録済みＣＤ－ＲＯＭ，電子計算機用プログラム
　第１６類　　　雑誌，書籍，ムック

商標権者(OWNER OF THE TRADEMARK RIGHT)
　埼玉県所沢市小手指町３丁目２５番地の２
　　　金児　昭

出願番号(APPLICATION NUMBER)　　商願２００４－１１６１７５
出願年月日(FILING DATE)　　平成１６年１２月　８日(December 8, 2004)

この商標は、登録するものと確定し、商標原簿に登録されたことを証する。
(THIS IS TO CERTIFY THAT THE TRADEMARK IS REGISTERED ON THE REGISTER OF THE JAPAN PATENT OFFICE.)

　平成１７年　９月　９日(September 9, 2005)

　特許庁長官(COMMISSIONER, JAPAN PATENT OFFICE)　　中嶋

わたくし金児昭は「科目の四マス」と「残増減増」について，本書143頁と145頁の商標登録のとおり商標権を取得し，登録しています。皆さんに無償で使っていただきたいのです。

以下は，この２つの商標登録証とその英訳です。

The Mark: Beginning Balance-Increase-Decrease-Ending Balance

List of Goods and Services: Class 9 Recorded CD-ROM, and computer program
Class 16 Magazine, book, and magazine book

Owner of the Trademark Right: Akira Kaneko
3-25-2, Kotesashi-cho, Tokorozawa-shi, Saitama

Application Number: 2004-039684

Filing Date: April 14, 2004

This is to certify that trademark is registered on the register of the Japan Patent Office.

November 19, 2004

Commissioner, Japan Patent Office

19. 経営簿記

商標登録証
(CERTIFICATE OF TRADEMARK REGISTRATION)

登録第４８１８３８９号
(REGISTRATION NUMBER)

商標(THE MARK)

残増減残

指定商品又は指定役務並びに商品及び役務の区分(LIST OF GOODS AND SERVICES)
　　第　９類　　記録済みＣＤ－ＲＯＭ，電子計算機用プログラム
　　第１６類　　雑誌，書籍，ムック

商標権者(OWNER OF THE TRADEMARK RIGHT)
　　埼玉県所沢市小手指町３丁目２５番地の２
　　　　金児　昭

出願番号(APPLICATION NUMBER)　　商願２００４－０３９６８４
出願年月日(FILING DATE)　　平成１６年　４月１４日(April 14,2004)

この商標は、登録するものと確定し、商標原簿に登録されたことを証する。
(THIS IS TO CERTIFY THAT THE TRADEMARK IS REGISTERED ON THE REGISTER OF THE JAPAN PATENT OFFICE.)

　　平成１６年１１月１９日(November 19,2004)
　　特許庁長官(COMMISSIONER, JAPAN PATENT OFFICE)　　小　川　洋

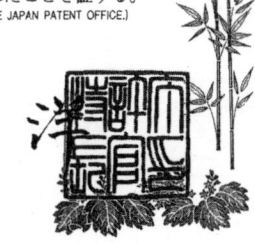

4 「残増減残」,「科目の四マス」。それは,「コロンブスの卵」である

「残増減残」,「科目の四マス」。それは,「コロンブスの卵」である。

　　　　(評者) 青山学院大学大学院会計プロフェッション研究科教授　井上　良二

　——中略——

　では,この三つの特徴の中で,もっとも注目すべきことは何だろうか。評者は第1の特徴に関連して著者の考案になる「受払残表」,「残増減残」,「科目の四マス」の考え方に注目する。それは,簿記・会計の根底を形成する基礎(筆者の言われる通奏低音)をなす非常に優れた考え方だからである。簿記・会計は,表現行為あるいは表現機構であることは広く認められている。表現行為(機構)を意味するものであれば,表現されるものがあるはずである。企業会計の場合には,それは企業の経営活動に他ならない。「残増減残」で示される増減こそ経営活動の神髄であると言うのが著者である。財貨・用役の現実の「残増減残」が経営活動であるとすれば,簿記・会計はこの「残増減残」を的確に表現するものでなければならない。この「残増減残」を一般的に表形式で表現するものが「受払残表」と言われ,またこれを科目ごとに示すのが「科目の四マス」である。各マスには,期首残高,増加,減少,期末残高が記入される。仕訳,勘定記入,さらに試算表を通じて財務諸表作成に至るまでこの考え方は通底している。この点の理解がなされれば,実務と理論の結合が容易となり,制度会計と経営会計との一体化の理論は容易に理解できる。

　筆者のこの考え方を知ったとき,大きな衝撃を受けた。言われてみればなるほどと言えるし,すでに知っていたような錯覚にも陥る。しかし,それは「コロンブスの卵」である。この一事からも明らかなように本書は,実務と研究とに精通した著者の哲学に裏付けられた入門書という以外にない。本書は,入門者は当然だが,高い理解の水準にある学生も自らの簿記・会計観の妥当性を検討するために是非ともひもとくべき書であると考える。

ビジネス・ゼミナール
会社「経理・財務」入門
金児　昭（著）
（日本経済新聞出版社　刊）

以下は，この書評の英訳です。

This is "Columbus's egg." ── "Beginning Balance-Incrase-Decrease-Ending Balance" and "Quarters of Accounts"

Review by Ryoji Inoue, Professor of Graduate School of Professional Accountancy at Aoyama Gakuin University
(Omission)

 To evaluate the author's achievement of his three stated objectives, what should be examined most closely? In relation to the first objective, I scrutinized the author's development of the concept of *Increase and Decrease Balance, BB-I-D-EB (Beginning Balance-Increase-Decrease-Ending Balance)* and *Quarters of Accounts*. I do so because these are the excellent thoughts that form the foundation of the book-keeping and accounting base. (The author calls this foundation "thorough bass.") It is generally understood that the book-keeping and accounting is a representing act or mechanism, and in case of corporate accounting, it is corporate management that is the subject represented. Mr. Akira Kaneko states that increases and decreases indicated in the *BB-I-D-EB* are, in fact, the goals of corporate management. In so far as achieving real increases and decreases in goods and services is considered as corporate management, the book-keeping and accounting representation of *BB-I-D-EB* is appropriate. This author uses the term "Increase and Decrease Balance" for the tabular accounting ledger that shows the *BB-I-D-EB*. The book showing the same by each account is called the *Quarters of Accounts*. The beginning balance, increase, decrease and ending balance are entered in each one of the *Quarters of Accounts*. In practice, this procedure is consistently followed in the accounting cycle of journal entries, posting to account ledgers, trial balance calculations and financial statements preparations. If these are well understood, theory and practice will be combined readily. Thus, integration of the theories of financial accounting and management accounting can be understood without difficulty.

 I experienced a great shock when I first knew the author's thought. However, after a full explanation was provided , I felt convinced that it was understandable. In fact, I have the impression that I have already known it. This is "Columbus's egg." In sum, it is clear this introductory book is wholly based on the experience of the author who is well-versed in practice and research. Naturally, it is valuable for beginners. I strongly recommend that higher-level students should also read through it in order to assess the appropriateness of their own views on book-keeping and accounting.

20. 経営簿記の眼で見る決算書（P/L・B/S・C/F）

Ⓐ「借方」「貸方」は×

「借方」「貸方」という言葉は福沢諭吉さんが英語の「Debtor」「Creditor」を訳しましたが，私は「左」「右」でいいと思っています。要するに，「借方」「貸方」という言葉で，私も含めて，いかに多くの人が苦しんできたかを知っていますので，私は，経営簿記では，「左」「右」とか，残・増・減・残や，科目の4マスを使って説明していきます。

Ⓑ 科目の「〇〇金」は×

なぜか昔から，お金でないもの，「金」を使う必要がない権利などにまで「金」という文字を使っていますから，この「金」の字でいかに皆さんが苦しんでいるかという意味で，「金」も経営では使いたくないと思います。

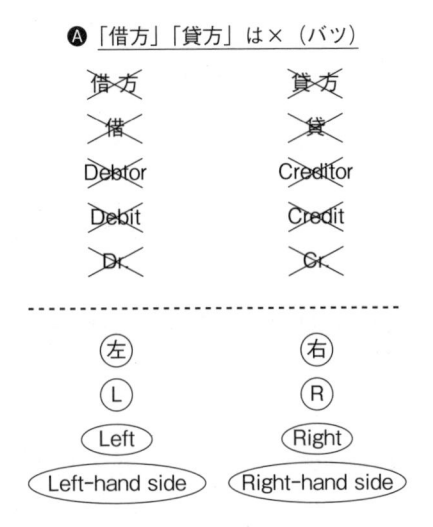

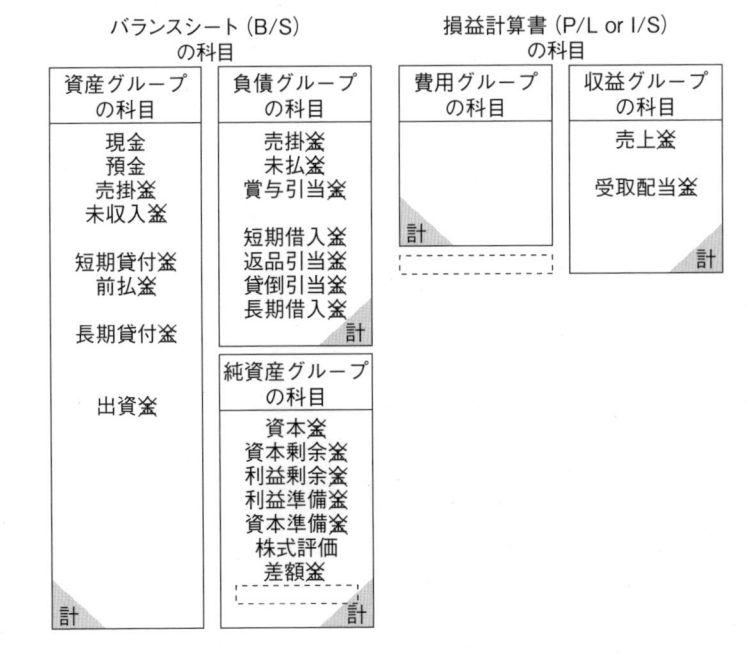

20. 経営簿記の眼で見る決算書（P/L・B/S・C/F）

Ⓐ 「借方」「貸方」は×（バツ）

~~借方~~   ~~貸方~~
~~借~~   ~~貸~~
~~Debtor~~ ~~Creditor~~
~~Debit~~   ~~Credit~~
~~Dr~~   ~~Cr~~

- -

㊧   ㊨
Ⓛ   Ⓡ
(Left)   (Right)
(Left-hand side) (Right-hand side)

Ⓑ 科目の「〇〇金」が×（バツ）

バランスシート（B/S）の科目

資産グループの科目	負債グループの科目
現金 預金 売掛~~金~~ 未収入~~金~~ 短期貸付~~金~~ 前払~~金~~ 長期貸付~~金~~ 出資~~金~~ 計	売掛~~金~~ 未払~~金~~ 賞与引当~~金~~ 短期借入~~金~~ 返品引当~~金~~ 貸倒引当~~金~~ 長期借入~~金~~ 計

純資産グループの科目
資本~~金~~ 資本剰余~~金~~ 利益剰余~~金~~ 利益準備~~金~~ 資本準備~~金~~ 株式評価 差額~~金~~ 計

損益計算書（P/L or I/S）の科目

費用グループの科目	収益グループの科目
  計	売上~~金~~ 受取配当~~金~~ 計

149

❸ 残・増・減・残（→）と残・減・増・残（←）

　今までお話ししてきました残・増・減・残は，左から右へ流れていく残・増・減・残と，右から左に流れていく残・減・増・残と二通りありますが，真ん中の2コマの左・右は両方とも全く同じです。それを知っていただきたいと思います。

❹ バランス（balance）とは何？　シート（sheet）とは何？

　多くの方々が，左側の数字と右側の数字の合計が一致していることをバランスと勘違いしていますが，それは違います。バランスはあくまでも残高で，特に「終わりの残」に残ったもの，残高という意味です。

　それから，「シート」とは「表」のことです。

　ですから，2+5−4=3，はじめの残が2で，5増えた，4減った，イコール3で，5−4，増えたものと3−2，残ったものの差は，残の差であることも理解していただきたいと思います。

20. 経営簿記の眼で見る決算書（P/L・B/S・C/F）

❸ 残増減残と残減増残

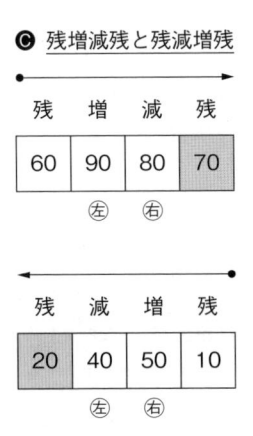

残	増	減	残
60	90	80	70

　　左　右

残	減	増	残
20	40	50	10

　　左　右

❹ バランス（balance）とは何？
　シート（sheet）とは何？

残　・　増　・　減　・　残

あった＝はじめの残＝バランス2

増えた＝増加5

減った＝減少4

残った＝終わりの残＝バランス3

$2 + 5 - 4 = 3$

$5-4=3-2$
増減の差＝残と残の差

シート＝表（sheet）

❺ 左・右への仕訳例 A, B

仕訳は必ず左と右がペアです。例えば，コンサルタント料として現金を10万円もらったら，現金と売上がペアです。それから，会社の電気代3万円を現金で支払ったら，現金の右側と電気代の左側がペアです。それを知ってほしいと思います。

❻ 棚卸資産（在庫）の「数量」と「金額」の残・増・減・残

まず「数量」からいきますと，「商品」は，例えば購入したのが自動車であれば，倉庫に5台あって，15台購入し，出荷が18台だったら，今，倉庫にあるのは2台です。「製品」についても，作った自動車が倉庫に50台あって，100台作って，130台売れて出ていったから20台残っています。「原材料」についても，鉄板が1枚あって，5枚増えて，4枚減って，2枚残っています。それはみんな「数量」です。

下の右は在庫の「金額」で，残・増・減・残とこのようになるということで，結局，棚卸資産については，その残がバランスシートに載っているという意味です。

売上（連動型）・直接原価計算でも，フル販売をめざし，製品や商品の終わりの残りは，常に（日々）0（ゼロ）をめざします。

20. 経営簿記の眼で見る決算書（P/L・B/S・C/F）

❺ 左右への仕訳け例 A，例 B

左と右への仕訳け例A

§取引例A．
コンサルティングをして10万円現金でいただいた。

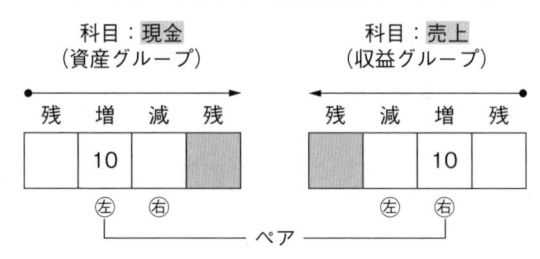

科目：現金
（資産グループ）

残	増	減	残
	10		
	左	右	

科目：売上
（収益グループ）

残	減	増	残
		10	
	左	右	

— ペア —

左と右への仕訳け例B

§取引例B．
会社の電気代3万円を現金で支払った。

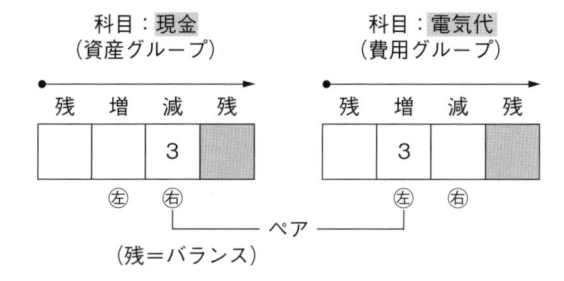

科目：現金
（資産グループ）

残	増	減	残
		3	
	左	右	

科目：電気代
（費用グループ）

残	増	減	残
	3		
	左	右	

— ペア —

（残＝バランス）

❻ たな卸資産（在庫）の「数量」と「金額」の残増減残

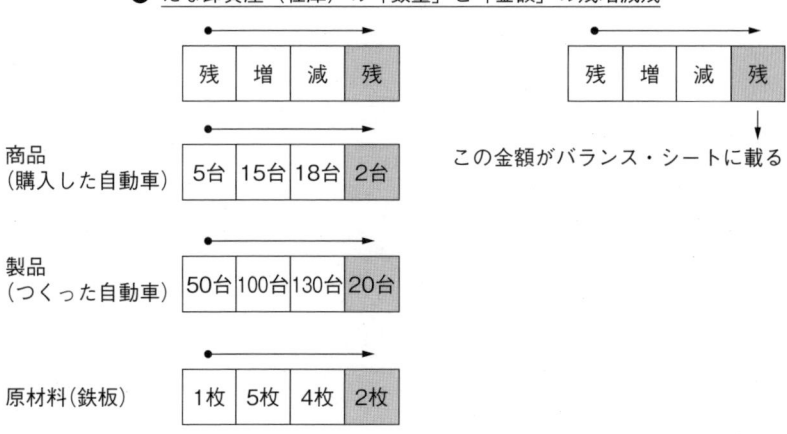

残	増	減	残

残	増	減	残

↓
この金額がバランス・シートに載る

商品
（購入した自動車）

5台	15台	18台	2台

製品
（つくった自動車）

50台	100台	130台	20台

原材料（鉄板）

1枚	5枚	4枚	2枚

❼ 資産グループの科目の減価償却

これも同じことですが,車という資産グループの科目を見ると,150は,車を150万円で買って,現金が150出ていったのです。それを1年当たり25万円償却したということは,車を購入して減価償却をしたらこういうかたちになるという意味です。

❽ バランスシートは「科目」の終わりの残の表

現金とか建物などの資産も,借入金という負債も,資本金という純資産(資本)も,全部が,残・増・減・残の終わりの残がバランスシートに載っているのです。

20. 経営簿記の眼で見る決算書（P/L・B/S・C/F）

❼ 今年の始めに150万円の車を現金で買った。
そして12月までの1年間で25万円（150÷6）
価値が減ったとし，減価償却した。

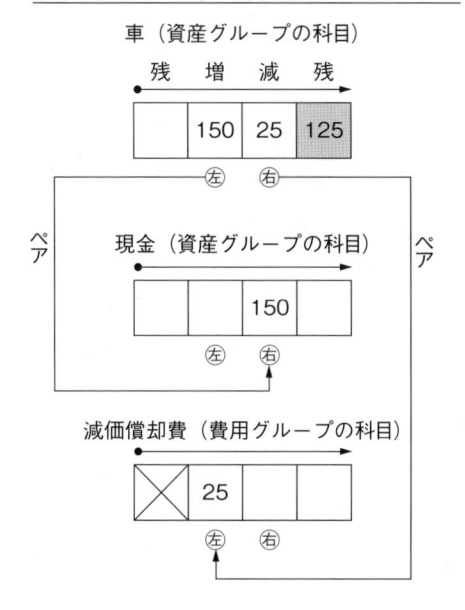

車（資産グループの科目）

残	増	減	残
	150	25	125

左　右

ペア

現金（資産グループの科目）

		150	

左　右

ペア

減価償却費（費用グループの科目）

✕	25		

左　右

❽ バランスシートは「科目」の終わりの残の表

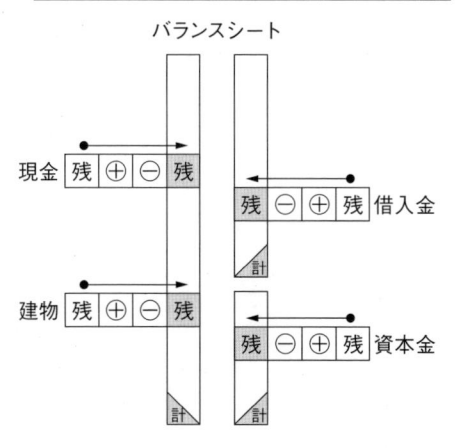

バランスシート

現金　残 ⊕ ⊖ 残　　　残 ⊖ ⊕ 残　借入金

建物　残 ⊕ ⊖ 残　　　残 ⊖ ⊕ 残　資本金

155

❶ バランスシートの1つの見方 (1)

　バランスシートの見方の1つとしては,「資産グループの科目」と「負債グループの科目」と「純資産グループの科目」,それから,先ほども少しお話ししましたが,「お金の入り方」と「お金の使い道」という見方があります。

❶ バランスシートのもう1つの見方 (2)

　バランスシートのもう1つの見方として,「資産」「負債」「純資産」という見方がありますが,特に,「負債」のことを資本金でもないのに「他人資本」といいます。それから「純資産」のことを「自己資本」とも言います。それを合わせて,左側を「総資産」ということがあるのに対して,右側では「総資本」といいます。

　だから,「資本」という言葉が入った「自己資本比率」がよく出てきて,少し戸惑いますが,それはこういうところから来ています。

20. 経営簿記の眼で見る決算書（P/L・B/S・C/F）

❶ バランスシートの1つの見方（1）

	負債グループの科目	借入
資産グループの科目	純資産グループの科目	元手
車など		
お金の使い道	お金の入り方	

❷ バランスシートのもう1つの見方（2）

総資産 ｛ 資産 100 ｝ ／ 負債 70 （他人資本）／ 純資産 30 （自己資本） ｝ 総資本

$$\frac{30}{100} \times 100 = 30\% \cdots 自己資本比率$$

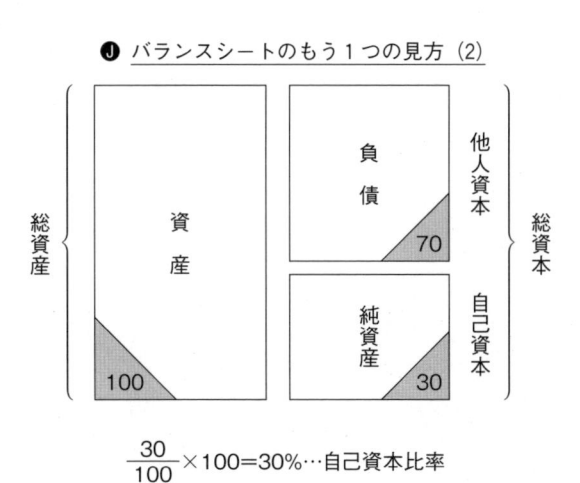

Ⓚ 世界一やさしいバランスシートと損益計算書

「世界一やさしいバランスシート（と損益計算書）」を作りましたが，結局，両方とも残・増・減・残の残が載っています。バランスシートだと残だと思いますが，損益計算書も残であるということを示したかったのです。

Ⓛ 3つの決算書

1つ目のバランスシートは，左側がプラスの資産，右側がマイナスの資産で，この二つの差額が純資産（資本）です。1年の間にもうけたものもこの純資産の中に出てきます。それは2つ目の損益計算書の利益とも合致して，その利益が出てくるもとは何かというと売上と費用です。

3つ目として，キャッシュフロー計算書もバランスシートの中のプラスの資産である現金（キャッシュ）の残・増・減・残の説明書です。つまり，キャッシュフロー計算書は現金の残・増・減・残，すなわち，はじめの残（現金），入金，支払（出金），終わりの残，これがキャッシュフロー計算書です。

だから，簡単に言うと，決算書は3つとも残の表です。科目の「残増減残」「残減増残」の残の表です。このイメージを大事にしていただきたいと思います。

20. 経営簿記の眼で見る決算書（P/L・B/S・C/F）

Ⓚ 世界一やさしいバランスシートと損益計算書

バランスシート（3月31日の夜中の12時）

資産グループ
- 現金　残 0　増 10　減　残 10
- （左 10　右 3　残 7）
- 上の2つを合わせて　現金　0　10　3　7

負債グループ

純資産グループ
- 残 7　減 3　増 10　残 0　利益

損益計算書（4月1日AM〜4月1日夜中の12時）

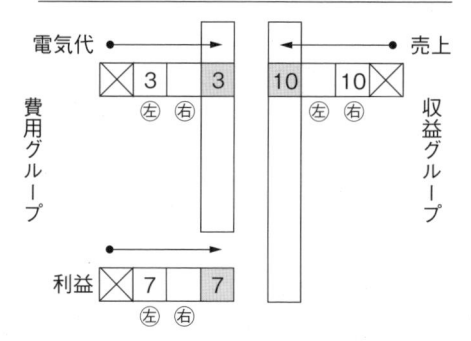

費用グループ
- 電気代　☒ 3　3
- 利益　☒ 7　7

収益グループ
- 売上　10　10　☒

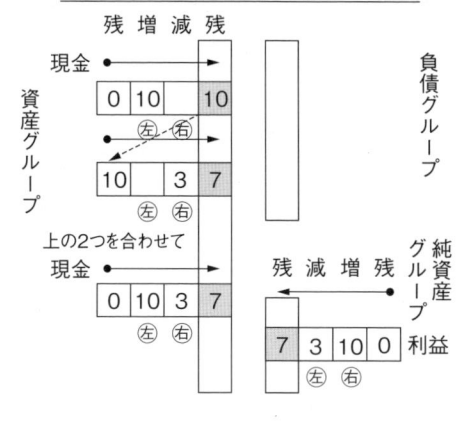

注（1）利益7は、バランスシートと損益計算書に
　　　①同時に、②同額、が現れる。
　（2）バランスシートの利益の出方の内訳書・
　　　説明書が損益計算書である。

Ⓛ 3つの決算書

1 「バランスシート」は財産の一覧表

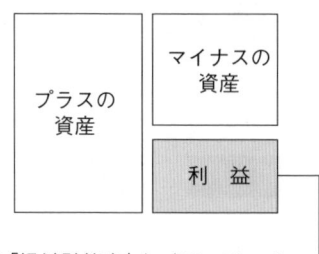

　プラスの資産　｜　マイナスの資産
　　　　　　　　｜　利　益

2 「損益計算書」もバランスシート利益の説明書

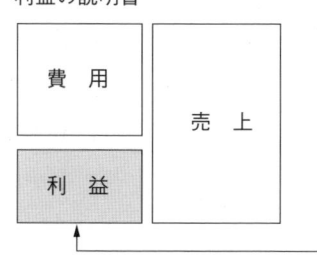

　費　用　｜　売　上
　利　益　｜

3 「キャッシュフロー計算書」もバランスシートの現金「残増減残」の説明書

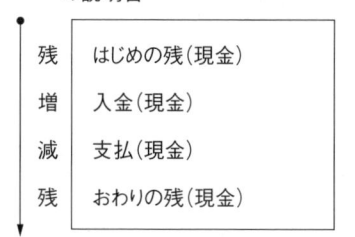

　残　はじめの残（現金）
　増　入金（現金）
　減　支払（現金）
　残　おわりの残（現金）

21. 問題と答

問題（1）

ある会社の1か月間の
・固定費の見積もりが50万円
・比例利益率が0.6（60％）
・目標の（税前）利益が10万円

のとき，目標利益を達成するために必要な売上を，会社・お店の経営を考えながら，計算しなさい。

また，その予想損益計算書も示しなさい。

金児昭のヒント：固定費＋目標（税前）利益＝比例利益

問題（2）

問題① S社の売上は100，比例費は70，固定費は24であった。S社の損益トントン売上はいくらか？

金児昭のヒント：比例利益＝固定費

問題② この会社の100％操業の売上は120である。

その時の比例利益と（税前）利益はそれぞれいくらか。

損益トントンのときに比べ，売上，比例利益，はそれぞれ何倍になるか。

問題（3）

問題① 今月の売上が50万円，（税前）利益が3万円で，比例費は35万円，固定費は12万円であった。この場合の損益トントン売上比率を求めよ。

金児昭のヒント：（税前）利益＝0，比例利益＝固定費

問題② 売上1,250千円（＠5円），比例費＠3円，固定費400千円の会社が，売上20％増（0.2増）を見込んだ場合，（税前）利益はどれだけ増減するか求めなさい。

金児昭のヒント：〈売上・比例費・固定費〉P/Lをまずつくる。

問題（4）

問題① 経営の意思決定・経営実行において用いられる原価概念のうち，「代替案の比較により発生額の変化しない原価」を何というか。

　　a）関連原価　　b）差額原価　　c）埋没原価　　d）機会原価

金児昭のヒント：これらがわからなくても今はメゲナイこと！
　　　　　　　　10年もたてばなんとかわかってくる！

問題② 以下の資料に基づき，新規注文の受注の可否に関する記述として，最も適切なものはどれか。

(1) X社は，製品Aの製造・販売を行っている。製造原価及び販売・一般管理費の予算データは，次のとおりである。

	製品1個あたりの比例費	固定費
製造原価	40円/個	150,000円
販売費		
販売員手数料	4円/個	—
物品運送費	1円/個	—
一般管理費	—	40,000円

(2) 現在の製品Aの製造・販売量は9,000個であり、売上単価は100円である。

(3) いま、新規の顧客から「単価が50円、個数が1,800個」という条件で注文がなされてきた。注文の相手方は、この条件でなければキャンセルするという。そこで、この注文を受けるべきか否かを、差額原価の利益分析を行って判断したい。ただし、相手側からの注文のため、新規注文に対する販売員手数料は発生せず、当社はこの注文を受けるだけの十分な生産能力（生産余力）がある。

 a) 差額利益16,200円が生じるため、引き受けたほうが有利である。

 b) 差額利益18,000円が生じるため、引き受けたほうが有利である。

 c) 差額損失16,200円が生じるため、断ったほうが有利である。

 d) 差額損失18,000円が生じるため、断ったほうが有利である。

金児昭のヒント：この問題が解けなくても、問題①と同じように、メゲナイこと！

問題③　X社は、製品A及びBの製造・販売を行っている。売上・直接原価計算により当期の損益計算をしたところ、製品Bについては、（税前）利益ベースで赤字となっていた。なお、この計算の費用項目は、比例費、個別固定費、共通固定費が生じているとする。この製品Bの製造・販売を続けるべきか、止めるべきかの判断と経営実行についての記述のうち、最も適切なものはどれか。

 a) 売上を基準に判断すべきである。

b）売上から比例費を控除した比例利益を基準に判断すべきである。

c）製品別に売上から比例費，個別固定費を控除した製品別比例利益を基準に判断すべきである。

d）売上から比例費，固定費を控除した（税前）利益を基準に判断すべきである。

金児昭のヒント：この問題が解けなくても，問題①と問題②と同じように，メゲナイこと！

問題 (5)

問題① A社の今期の売上は50億円，（税前）利益は3億円で，比例費は35億円，固定費は12億円であった。この場合の損益トントン売上率を求めなさい。

  a）60 %

  b）70 %

  c）80 %

  d）90 %

金児昭のヒント：友達と話し合うこと！

問題② 売上1,250千円（@5円）比例費@750千円，固定費400千円のA社が，売上0.2（20 %）増を見込んだ場合，（税前）利益はどれだけ増加・減少するか求めなさい。

  a）20 %増加

  b）100 %増加

  c）200 %増加

  d）500 %増加

金児昭のヒント：友達と話し合うこと！

問題③ 損益トントン点分析に関する次の記述のうち，正しくないものはどれか。

　　a) 比例費率が低いほど，または固定費の額が小さいほど，損益トントン売上は低くなる。

　　b) 比例費率が低いほど，売上が増加したときの損益トントン売上率は高くなる。

　　c) 売上から比例費を差し引いたものは比例利益とよばれ，比例利益率は売上の増加に伴って増加する利益の割合を表している。

　　d) ある企業について，（税前）利益の変化率を売上の変化率で除した値と，「1／(1−損益トントン売上率)」の値は等しい。

金児昭のヒント：友達と話し合うこと！

問題 (1) 答

比例利益率が 0.6 (60%) で，固定費の見積もりが 50 万円，目標（税前）利益 10 万円の時の目標売上は，次頁の計算で算出される。その時の予想損益計算書も示す。これに基づき，さらに①売上を増大させ，②比例費を節減し（すなわち比例利益を増加させ），③固定費を節減する。この①，②，③をめざす具体的実践が経営である。単純化すると，「利益のある売上を伸ばして，経費を節約する」ということ。この当たり前のことがなかなか難しい。

目標（税前）利益を達成するために必要な売上と予想損益計算書

§ 目標利益を達成すために必要な売上

$$\frac{50 万円（固定費）+ 10 万円（目標（税前）利益）}{0.6（比例利益率）} = \frac{60 万円}{0.6} = \frac{60}{0.6} = 100 万円$$

§ 予想損益計算書

売　　上①　　　　　　100 万円
比　例　費②　　　　　　40 万円
　比 例 利 益③（①−②）60 万円（比例利益率 0.6 = 60%）
固　定　費④　　　　　　50 万円
　(税前)利益⑤（③−④）10 万円

経営は，比例利益を大きく・固定費を小さく

目標（税前）利益を達成するのに必要な売上は，固定費と比例利益率

$\left(\dfrac{売上 - 比例費}{売上} = \dfrac{比例利益}{売上}\right)$ がわかっている時，次のように算出される。

目標（税前）利益を達成するために必要な売上 $= \dfrac{固定費 + 目標（税前）利益}{比例利益率}$

問題 (2) 答

【問題①の答】

```
        S社P/L
売  上        100
比例費         70
 比例利益      30  (0.3)
固定費         24
 (税前)利益     6
```

利益＝0（損益トントン）のときの比例利益は固定費24と同じ，24である。だから，

$$損益トントン売上 = \frac{24}{0.3} = 80$$

だから，損益トントン売上80のP/Lは

```
        S社P/L
売  上        80    …損益トントン売上
比例費        56  (0.7)
 比例利益     24  (0.3)
固定費        24
 (税前)利益     0
```

答　損益トントン売上は80

【問題②の答】

比例利益36，（税前）利益12。売上，比例利益ともに1.5倍。

```
        S社P/L（参考）
売  上       120    …100％操業の時の売上
比例費        84
 比例利益     36  (120×0.3＝36)
固定費        24
 (税前)利益    12
```

問題 (3) 答

【問題①の答】

〈売上・比例費・固定費〉損益計算書

```
売    上    50  (1.0)                    40           損益トントン売上  40
-) 比 例 費  35  (0.7)                    ↑ 28       -) 比 例 費      28
   比例利益   15  (0.3)  →  12   →   12/0.3 =40         比例利益        12
-) 固 定 費  12         →  12          ※           -) 固 定 費      12
   (税前)利益  3  (0.06) →   0                           (税前)利益      0
```

上記のように，まず損益トントン売上を $\left[\dfrac{固定費=比例利益}{売上比例利益率}=\dfrac{12}{0.3}=40\right]$ と計算する。

次に，売上・損益トントン売上を $\left[\dfrac{損益トントン売上}{売上}=\dfrac{40}{50}=0.8=80\%\right]$ と計算する。

<u>答　80％</u>

※なお，あえて公式と言われるように考えると次のようになる。

$$\dfrac{12}{0.3}=\dfrac{12}{1-0.7}=\dfrac{固定費}{1-\dfrac{比例費}{売上}}=\dfrac{固定費=比例利益}{1-売上比例費率}$$

しかし，この公式は全く忘れることをおすすめする！

【問題②の答】

〈売上・比例費・固定費〉損益計算書

```
売    上       1,250千円@5      →売上数量を [1250/@5 =250千個] と計算する。
-) 比 例 費  -)  ?千円@3        →比例費を [250千個×@3＝750千] と計算する。
   比例利益       ?             →比例利益を [1,250－750＝500千円] と計算する。
-) 固 定 費  -)  400千円
   (税前)利益     ?             →(税前)利益を [500－400＝100千円] と計算する。
```

上記の売上を20％増と見込めば比例利益も20％増 [500×0.2＝100千円増] となり，(税前)利益は [100千円増となり]，200千円と100％増となる。

<u>答　100％増</u>

問題(4) 答

【問題①の答】 (c)

埋没原価は，無関連原価とも呼ばれ，代替案の比較により発生額の変化しない原価である。なお，関連原価は代替案の比較により発生額の異なる原価であり，差額原価は関連原価の比較から生じる原価項目の差額である。さらに，機会原価は特定の代替案を選択した場合に，得る機会を失う利益額である。

【問題②の答】 (a)

	注文を引き受ける案（A）	注文を断る案（B）	差額（A－B）
売上			
既存販売分	@100円×9,000個=900,000円	@100×9,000個=900,000円	― 円
新規注文分	@50円×1,800個=90,000円	― 円	90,000円
売上合計	990,000円	900,000円	90,000円
比例費			
製造原価	@40円×10,800個=432,000円	@40円×9,000個=360,000円	72,000円
販売費			
既存販売分	@5円×9,000個=45,000円	@5円×9,000個=45,000円	― 円
新規注文分	@1円×1,800個=1,800円	― 円	1,800円
固定費			
製造原価	150,000円	150,000円	― 円
一般管理費	40,000円	40,000円	― 円
費用合計	668,800円	595,000円	73,800円
（税前）利益	321,200円	305,000円	16,200円

新規注文を引き受けた場合，差額利益が16,200円生じるので，この注文は引き受けたほうが有利である。この意思決定・経営実行の問題では，注文を引き受ける場合と断る場合の両案を比較して，その差額を計算し，差額利益が生じるなら新規注文を引き受け，差額損失が生じるな

ら新規注文は断ると判断する。その際，売上，原価に差額がでるものが関連売上，関連原価で，差額の生じないものが無関連売上，無関連原価になる。

【問題③の答】 （c）

　この意思決定・経営実行では，製品Ｂに直接賦課される原価である比例費，個別固定費を考えたうえで判断する。つまり，製品別比例利益が出ているときには，同じ額の共通固定費が回収され，（税前）利益をあげることに役立っている。

問題 (5) 答

【問題①の答】 （c）

損益トントン売上率を計算するためには，まず損益トントン売上を計算し，その後，損益トントン売上率を計算する。計算式を示すと，次のとおりである。

$$損益トントン売上 = \frac{比例利益}{比例利益率} = \frac{固定費}{1-比例費率}$$

$$損益トントン売上率 = \frac{損益トントン売上}{実際売上}$$

上記の式に問題で与えられた数値を代入すると，次のとおりである。

$$比例費率 = \frac{比例費 35 億円}{売上 50 億円} = 0.7$$

$$損益トントン売上 = \frac{12 億円}{1-0.7} = 40 億円$$

$$損益トントン売上率 = \frac{40 億円}{50 億円} = 0.8$$

【問題②の答】 （b）

売上の増加・減少と（税前）利益の増加・減少は，事業レバレッジを介在させることで，以下のような関係が成り立つ。

売上の増加・減少の幅×事業レバレッジ＝（税前）利益の増加・減少の幅となる。

  販売数量：1,250千円÷＠5円＝250千個
  比例利益：売上－比例費＝1,250千円－＠3円×250千個＝500千円
  （税前）利益：比例利益－固定費＝500千円－400千円＝100千円
  （税前）利益レバレッジ：比例利益／（税前）利益
        ＝500千円／100千円＝5倍
  （税前）利益の増加・減少の幅：売上の増加・減少の幅×事業レバレッジ
        ＝0.2（20％）×5倍＝1.0（100％）

【問題③の答】 （b）

損益トントン売上率の計算式は，次のとおりである。

$$損益トントン売上率 = \frac{損益トントン売上}{実売上}$$

比例費率が低いほど，損益トントン売上は小さくなるため，実売上に対する割合である損益トントン売上率は低くなる。

22. 日本の「経理・財務」は世界一です！

―日本中の会社等（会社・店・個人企業・個人）が毎日実践している「経理・財務」の中の「損益トントン売上」で「1円の利益を上げるべし！」―

1 「できる社長」のお金の使い方（イースト・プレス社刊より転載）

おわりに　日本の経理・財務は世界一だ

　本書を執筆の最中，私は2011年1月1日に，世界「経理・財務」研究学会と，日本「経理・財務」研究学会（「World and/or Japan "Accounting & Finance" Association」）を立ち上げました。38年間の「会社『経理・財務』」の実務体験知識（エンピリカル・ナレッジ）から，会社，店，個人企業が守るべき「『経理・財務』の原則」は，会社などの実務の歴史の中から抽出すべきと考えていました。そこに，第4章で触れたように，経済産業省からお話があり，「経理・財務スキル・スタンダード」が作成され，約10年がたちました。そこで，経営トップから一般の人たちの誰もが，極端にいえば1円のお金も1秒の時間も使わないで「経理・財務」をみずから自由に学んだり，考えたりする宙（そら）づくりのきっかけとなり，世界に誇れる日本中，世界中の人たちの幸せに役立つ「経理・財務」の存在を日本中，世界中の人に知っていただければと思っています。

　いま，世界中が「グローバル」「インターナショナル」「アメリカン」などの財務会計に振り回され，企業性悪説に基づいた議論ばかりしています。研究学会設立により，もっと企業性善説に基づいた経営会計に重

22. 日本の「経理・財務」は世界一です！

きを置いた議論をしたいと誰もが考えてくださっています。

　研究学会としては，何もしませんし，できません。1円もお金をかけませんし，1秒も時間を使わないのですから。ただ，日本人の1人ひとりが日本の「経理・財務」は世界に冠たるものであると知っていただければ，私にとってこんなにうれしいことはありません。

　さらにありがたいことに，日本CFO協会理事長の行天豊雄さんが，この「世界と／または日本『経理・財務』研究学会」の最高顧問になっ

図表22-1　会社等（・店・個人企業・個人）の中の「経理・財務」

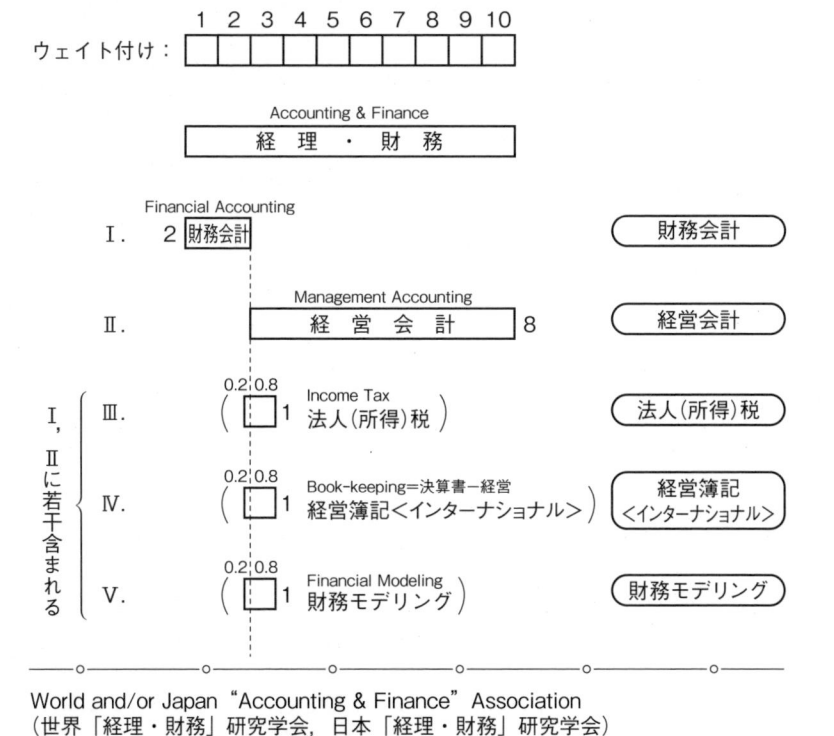

ウェイト付け：| 1 | 2 | 3 | 4 | 5 | 6 | 7 | 8 | 9 | 10 |

Accounting & Finance
経　理　・　財　務

Ⅰ．　2　Financial Accounting 財務会計 ……………………　財務会計
Ⅱ．　　Management Accounting 経　営　会　計　8 ………　経営会計
Ⅲ．　(0.2│0.8) Income Tax 法人（所得）税 …………　法人（所得）税
Ⅳ．　(0.2│0.8) Book-keeping＝決算書一経営 経営簿記＜インターナショナル＞ ……　経営簿記＜インターナショナル＞
Ⅴ．　(0.2│0.8) Financial Modeling 財務モデリング ……　財務モデリング

（Ⅰ，Ⅱに若干含まれる）

World and/or Japan "Accounting & Finance" Association
（世界「経理・財務」研究学会，日本「経理・財務」研究学会）
2011年1月1日創立　　　最高顧問　行天豊雄
　　　　　　　　　　　　会　　長　金児　昭

173

てくださいました。副会長は21世紀に入って経済産業省の「経理・財務スキル・スタンダード」の研究と普及に無償で尽力してこられた小畑哲哉さん（NTT東日本取締役神奈川支社長），木村幸彦さん（公認会計士），白石学さん（税務研究会・執行役員）です。評議員が山本保さん（日本経済新聞社元編集長・税理士・社労士），谷口宏さん（日本CFO協会専務理事），三輪豊明さん（日本アビタス社長）など10名，事務局が主幹事・大坪克行さん（税務経理協会・常務取締役），小島祥一さん（税務研究会出版部長）など3名です。

　本書とともに経理・財務のことをよく知り，ビジネスパーソンの方々が，経理・財務と上手につきあい，さらに会社等（会社，店，個人企業，個人）をよくしていくきっかけとしていただければ望外の喜びです。

金児　昭

23. 米シンテック社
（2013年に創立40周年）
「世界最強：フル生産・フル販売の経営」
—売上（連動型）・直接原価計算を1976（昭和51）年から36年間実行している—

　1973（昭和48）年にアメリカで，信越化学50％，アメリカのロビンテック社50％の合弁会社シンテック社が設立されました。3年後の1976（昭和51）年にアメリカのロビンテック社のシンテック社持分を買収しまして，信越化学の100％子会社にしたわけです。

　そのときに私はアメリカへ何度も行きまして，向こうの経理・財務部長のバートン・トレジャラーさんと相談して，業績評価の計算として売上（連動型）・直接原価計算を導入しました。

　『「利益力世界一」をつくったM&A』の「利益力世界一」はシンテック社のことで，1976年にM&Aをすることによって信越化学の100％子会社になって，それが三十数年後に「利益力世界一」になりましたが，1976年に買収して信越化学の100％子会社になったときに導入した売上（連動型）・直接原価計算は業績評価に非常に有用でした。

　私が日本経済新聞出版社から出した『「利益力世界一」をつくったM&A』（第4刷）では276ページから始まっていますが，具

体的には292ページの『バタン日米社〔シンテック社〕経財部長,日本に「決定的損益計算」の勉強に来る』から始まって306ページまでは,こちらの本には2005年と書いてありますが,これは1976年から現在の2012年まで36年間の話で,その計算を会社の中で有用として使ってきました。その本のこの部分を抜粋してここに持ってきたという経緯です。

『「利益力世界一」をつくったM＆A』（日本経済新聞出版社）の第4刷（金児昭著）の292頁～306頁

バタン日米社〔シンテック社〕経財部長,日本に「決定的損益計算」〔売上連動型「売上・直接原価計算」〕の勉強に来る　2005年9月

「金字さん。7月26日に,日米社〔シンテック社〕は日本社の100パーセント子会社になりました。これを機に,毎日・毎月の売上とコストと利益がすぐわかる損益計算を勉強するため,日本に来ました。メールでお願いしたように,一緒に考えていただけませんか」

「バタン経財部長,今日は,今の9時から夜の11時まで,質問とその答え,ということで,"質疑と検討"をしましょう」

「先ほどもチョッと触れましたが,希望する〈売上・比例費・固定費〉損益計算と業績評価計算は同じものにしたいのです。特に売上（Sales）や売上数量に比例して売上製造原価が上下するようにし,毎日・毎月の製品別の損益計算をして,経営検討・実行・反省ができないか……と考えています。特にアメリカ人の従業員全員には,毎日理解してもらいつつ事業を推進する気持をもってもらいたいのです」

「みんなが神経を集中する業績評価計算は必要です。私は今まで日本社で『売上連動型の業績評価計算』という言葉を造りまして,その別名として『売上連動型の売上・直接損益計算（売上連動型の直接原価計

23. 米シンテック社（2013年に創立40周年）「世界最強：フル生産・フル販売の経営」

算）』という言葉を造りました」

「ずいぶん長い言葉ですね」

「でも，内容は世界中で特殊原価計算（調査）で行われているダイレクト・コスティング（直接原価計算＝direct costing）とまったく同じです」

「あー。それを聞いて安心しました。月に1度ぐらい，設備投資の採算計算や，比例費・固定費を考えたブレーク・イーブン・ポイント（損益分岐点＝break-even point）での『損益トントン売上』を計算するときに使っています。比例費はProportional cost，固定費はfixed costです。」

「それは私も同じです。日本社のグループ全体でも，世界中で使っています。しかし，これまではスポット（一時＝spot）の計算であったものを毎日，毎月行うことをおすすめします」

「毎日，毎月？」

「ええ。毎日，毎月，1年です」

「ファイナンシャル・アカウンティング（財務会計＝financial accounting：FA）でですか」

「いえ，違います。マネジメント・アカウンティング（経営会計＝management accounting：MA）です。1年365日，毎日MAを行うのです」

「では，基本的にFAのための計算はしないのですか」

「はい，そうです。ただ，1年の終わり（決算期末）の12月31日の夜中の0時の一瞬だけは，全部原価計算による製品評価を行い，FAの計算に合わせ，アメリカの企業会計原則と税務会計が満足する財務諸表を作成します」

「ということは，新年の午前0時1秒のときには，元のMAの財務諸

表に戻すということですね」

「おっしゃるとおりです。一言で言うと，年がら年中，MA で経営そのものと結びつく計算です。期間は，1 年，半年，四半期，1 か月，1 週間，1 日，毎時，毎分，毎秒，瞬時です。一般に言う，年次決算，月次決算に加えて，週次決算，日次決算，時次決算，分次決算，秒次決算，瞬時決算です」。

「瞬時決算？」

「お客さんと交渉する販売担当や経営トップは，製品の損益を瞬時に判断する必要があるのです」

「寝ても醒めても MA ということですね」

「そのとおりです。ただ，業績をよくすると言っても，それだけではどうしたらいいかわかりませんよね。そこで，どういう計算方式を業績評価の共通尺度にするかを私は考えたのです。一方，精神的な企業価値（our values）と現場を重視し，数字だけをもとにしない経営実行も重要です。例えばインテグリティ（誠実＝integrity）を持って仕事をしていくこと。あるいは，イノベーション（改革＝innovation）を進めていこうとか，そういう価値もあります。経営者・従業員が働きやすい雰囲気をつくるとか，終身雇用制は守るが年功序列は保証できない，などの方針をはっきりさせるのもあります。そういう数字に表せない経営方針は重要ですが，これは金山億尋日米社会長が中心になって決められるでしょう」

「もう，金山会長は真剣に考えて実行しはじめておられます」

「我々は，今回，まず，販売・製造・研究も担当する事業部の現場を大切にしたいと思います。そして，この現場での数字でみんなが合意できるような業績評価の方法は何か，それを目指して会社の業績を向上させていくにはどうすればよいか，ということを決めましょう」

23．米シンテック社（2013年に創立40周年）「世界最強：フル生産・フル販売の経営」

「美味しい天ぷらでした。ごちそうさま。やはり，本場の揚げたてはちがいますね」

「それはよろしゅうございました。さて，ここで，売上連動型の損益計算についてまとめていきたいと思います。バタンさん，ひとつ，日米社のトップと従業員にやさしく説明するように英語で説明してもらえますか。録音の準備もしてあります。バタンさんの説明を聞きながら，同時に私が一表にまとめていきましょう。では，どうぞ」

「売上連動型の売上・直接原価計算（ダイレクトコスティング）は，必ず"売上（sales）"を念頭に置いて，それに連動させて，総費用を比例費と固定費に分けて考えます。"売上"に直接関係ある費用を比例費，しかし，日米社（シンテック社）の場合は運賃（これは売上から控除します）や原料費です。"売上"に直接関係ない費用，例えば，減価償却費や人件費や修繕費などですが，これらの費用を固定費と考える原価計算が直接原価計算です。

それに対して，ふだん皆さんがよく経験するのが，全部原価計算です。例えば，工場製造原価であれば，材料費，労務費，経費（この中に減価償却費を含む）。それから，全体の総原価の中には，このほかに販売費・一般管理費も入ります。この全部原価計算の損益計算書を見ると，まず売上高があり，その下に売上原価があり，その下に売上総利益（粗利益のこと）がきます。売上総利益のあとに，販売費・一般管理費があり，その後に（税前）利益となります。この売上原価の内訳は，材料費，労務費，経費です。

ここで，また売上・直接原価計算に戻ります。ミスター金字の話では，この月次と日時の売上・直接原価計算を日米社（シンテック社）に，世界中の日本社グループの全社の中で初めて導入することになる，とのことで，これは嬉しいことです。そこで，次に，その導入に当たっての注

日米社（シンテック社）「売上連動型の損益計算書」（直接原価計算を使う）

① 売上と利益・キャッシュが連動する計算
② 売上と総費用の両方が大切
③ 売上を重視するからこそ，売上に比例する比例費と，売上に比例しない固定費を考える（なお，本来固定費は，「固定費の比例費化」を失念しないこと！）
④ だから，直接原価計算を採用する
⑤ 損益トントングラフも関係するが，「グラフで経営を判断しないこと」

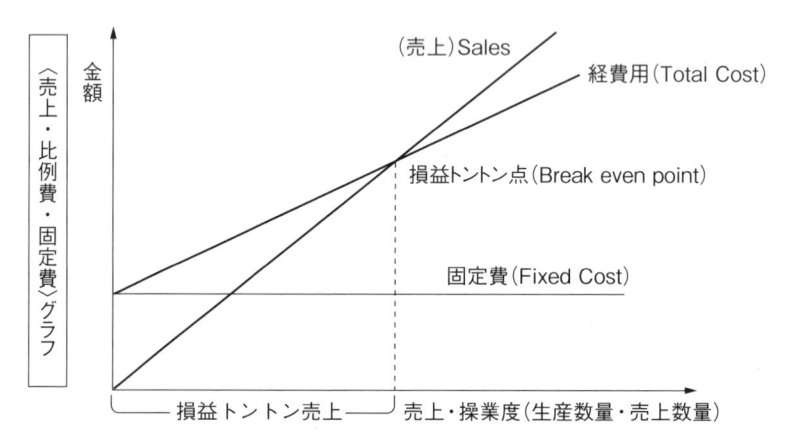

〈売上・比例費・固定費〉グラフ

金額 — （売上）Sales — 経費用（Total Cost） — 損益トントン点（Break even point） — 固定費（Fixed Cost） — 損益トントン売上 — 売上・操業度（生産数量・売上数量）

⑥ 比例費は主要原料，販売運賃等（売上から控除）。固定費は減価償却費，工場人件費，販売費・一般管理費等
⑦ B/S と P/L・I/S

B/S	P/L・I/S
製品（比例費のみからなっている）	総売上高 —）販売運賃（一種の比例費） 純売上高 —）比 例 費 比例利益（＝貢献利益） —）固 定 費 （税前）利益

⑧ 総費用の効率化を進めやすい
⑨ 売上－（比例費＋{本社/工場}の固定費）＝（税前）利益
⑩ 期末(1日だけの一瞬だけ)の財務会計のB/S，P/L・I/Sは全部原価計算で作成。期初一瞬で売上・直接原価計算に戻す

23. 米シンテック社（2013年に創立40周年）「世界最強：フル生産・フル販売の経営」

目点を挙げます。まず，①売上と（税前）利益・キャッシュに注目します。売上は会社の外のお客様からお金をいただいてくるものです。その売上のお金を使って，いろいろな総費用を支払っていきます。それで残ったものが，（税前）利益・キャッシュです。次に，②売上と総費用の両方が日米社の経営にとって大切です。その総費用には，先の全部原価計算と直接原価計算の2つの計算方式があります。全部原価計算は，原価の各個別科目を公平にかつ総合的に考えます。この全部原価計算は，材料費・労務費・工場経費などの製造費用が全部でいくらかをつかむのに有用です。しかし原価に固定費が入るので，同じ売上でもB/Sの在庫が増えると利益が増えることになります。これに対して，直接原価計算は，必ず"売上"を念頭に置き，総原価を比例費と固定費の2つに分けます。比例費が何に対して比例なのかと言いますと，売上の数量，ないしは生産数量や操業度（工場の機械がどの程度動くかということで，何パーセントということ。半分しか動いていなければ50パーセント稼動と言う）です。なお，売上数量と共に売上（高）も操業度と言うことがあるので注意が必要です。

　ここで，チョッと売上の数量に比例して発生する比例費の例を見ます。例えば，原料費。これは売上や売上数量または生産量（操業度）に比例します。一方，固定費の例としては，減価償却費，工場労務費，販売費・一般管理費です。注意することは，工場で発生する固定費と本社・営業所で発生する固定費の両方が売上に対する固定費として，両方とも，直かに損益計算書に入っていくことです。

　以上ですが，金宇さん，これでよいでしょうか」

「素晴らしい。バタンさんが話している間に，日米社（シンテック社）の業績評価方針の決定である売上連動型の直接原価計算の注目するべき項目を書いてみました。見てください」

「金字さん，ありがとうございます。ところで，いま私が説明したことを，日米社（シンテック社）の従業員の人々に，少し具体的にやさしく説明してみます。録音をよろしくお願いします」

「オーケーです。どうぞ」

「私はバタンです。ここで，簡単な具体的な数字を使って，全部原価計算の場合と直接原価計算の場合，という2つのB/SとP/L・I/Sを見てみます。まずB/Sです。例えば，製品科目の残高金額が1,000円とします。この金額＝数量×単価です。いま，製品の数量が100キログラムとします。この100キログラムは世界中どこへ行っても100キログラムです。ニュートンの言う引力の違いで世界各地で微妙な差が出ますが，ほとんど同じと考えます。そして＠（単価）が1キログラム当たり10円とします。全部原価計算の製品原価には材料費と労務費と経費（減価償却費を含む），これらが全部入って金額は1,000円になります。ところが，直接原価計算の製品の場合には，数量の100キログラムは同じでも，その単価は例えば7円で，金額は700円です。その7円は，材料費のみです。あとの3円は労務費と経費です。

次に，全部原価計算の損益計算書はどうでしょうか。売上から売上原価を差し引きます。先にも述べたように，売上原価の中身は材料費，労務費，経費です。この売上原価を売上から差し引いて売上総利益になります。そこから販売費・一般管理費を差し引いて（税前）利益になるのです。まとめると，売上から売上原価を引き算して売上総利益，この売上総利益から販売費・一般管理費を引いて（税前）利益。こういう見方が全部原価計算の損益計算書で，私たちは，この計算方式に結構，慣れています。

では，直接原価計算の損益計算書はどうでしょうか。売上（この売上はお客様が運賃込みの価格で買ってくれたものです）からまず販売にか

23. 米シンテック社（2013年に創立40周年）「世界最強：フル生産・フル販売の経営」

かった運賃を引きます。これは売上に比例する比例費です。これで純売上高が出ます。それから，原料費を引きます。原料費は比例費ですね。そして，純売上から，原料費だけからなる売上原価を引いた残りが比例利益（別名は貢献利益〔コントリビューテッド・プロフィット＝contributed profit〕）です。この貢献利益は会社に貢献している利益という意味です。そして，その下に固定費がきて，それを差し引いたものが（税前）利益です」

「バタンさん，大事なところですので，簡単にまとめて言ってみてくださいませんか」

「はい。グロスの売上（sales）から運賃（フレイト＝freight）は売上にスライドして比例して売上に関係するものと考え差し引きます。これが純売上（ネット・セールス＝net sales）です。この純売上から，比例費である原料費からなるコスト・オブ・グッズ・ソールド（売上原価＝cost of goods sold）を引いて比例利益となります。このように，直接原価計算の場合と，全部原価計算の場合とは，貸借対照表と損益計算書の内容が違ってきます」

「ご苦労さんでした。バタンさん，夕食にしましょう」

───・───・───・───

「ホッペが落ちそうなスキヤキをご馳走になり，ありがとうございます」

「明日，お帰りになる前の昼食は日本そばにしましょう。いかかですか」

「とても楽しみです。今日，まとめとして，"売上・直接原価計算こそが企業価値を生む"という金字さんのもともとの考えを聞かせてください。今度は私が録音をしますから」

「そうですか。日米社の従業員の皆さんに語りかける口調でいいです

か」

「是非，お願いします。どうぞ」

「皆さんこんにちは。私は日米社（シンテック社）の皆さんのお仕事をお手伝いしています，日本社経財部の金字翔と申します。よろしくお願い申しあげます。皆さんは全部原価計算に慣れていますね。私もそうです。しかし，会社経営の現場数字を大事にしていく場合には，平素の毎日，毎月の業務を売上に連動する直接原価計算に基づいて進め，毎日，毎月，貸借対照表と損益計算書を自然の流れでつくり業績評価をしていくのがよいと思います。

ここ1か月ほどバタン日米社（シンテック社）経財部長と打ち合わせさせていただき，金山会長のご了承をいただきました。いずれ正式文書で，通知されますが，今日のところは，私の個人的な売上・直接原価計算に対する想いをお話しします。

毎日，日次決算を行い（この場合は数量中心になります），また1か月の月次決算も行うためには，売上に連動した売上・直接原価計算を採用するのがよいと思います。会社の毎日の売上（数量×単価＝金額）や（税前）利益がどうか把握できるからです。

この売上に連動する直接原価計算は，日本がアメリカから50年ほど前に勉強させてもらったと，聞いております。ですから，日米社（シンテック社）の皆さんの体にはアメリカ流直接原価計算を受け入れる遺伝子をしっかり持っておられる，と私は思っています。そして，日米社（シンテック社）の方々はきっと，製品にかかる運賃，比例費である原料費，比例利益，固定費（税前）利益はいくらになるかをつかみ，毎日・毎月，利益の向上を目指す潜在力とも言える力を，必ずお持ちだと思います」

「金字さんのそのお言葉は確かに思いあたることがいくつもあります」

23. 米シンテック社（2013年に創立40周年）「世界最強：フル生産・フル販売の経営」

「バタンさんのそのお言葉を聞いて私も安心しました。それで，先に述べましたように，製品在庫が100キログラム，原料費の単価は7円，700円あったとします。この7円は比例費だけでできています。そこが全部原価計算と違うところです。

くどいようですが，大事なことなので，両者の違いを別の角度から見てみます。

ここで，全部原価計算の，例えば減価償却費を見ます。工場にある機械・装置の減価償却費は売上原価に入ります。本社の建物（自社所有の場合）の減価償却費は一般管理費に入ります。ですから，同じ減価償却費が売上原価と一般管理費に分かれて入るのです。

ところが，売上・直接原価計算の場合の減価償却費は，固定費としてすべてが売上に直接的に比例しない損益計算書の中の固定費です。工場の機械・装置の減価償却費も，本社の建物や車の減価償却費も，全部，損益計算書の一行の固定費になり，2か所に分かれません。

もう1つ，人件費（固定費）について見てみます。工場と本社では人が分かれて働いています。例えば，90人は工場で，10人は本社で働いているとします。全部原価計算では90人の人件費は製品の製造費用を通して売上原価に入ります。本社での10人の人件費は販売費・一般管理費に入ります。このように人件費は2か所に分かれます。ところが直接原価計算では，工場と本社の人件費は，人件費という固定費として，減価償却費と同じように損益計算書の中で表示されます。

ですから，あるとき，固定費を合理化（ラショナライゼーション＝rationalization）しようと考えた場合には，この損益計算書だけを見ればいいのです。この中身を毎日きっちり把握しておいて，それを洗って（効率化して）いきます。それから，原料を買って使う場合に，国内・輸入の原料費を安くするためには，損益計算書の比例費を見て検討すれ

ばいいのです。売上自体や，工場の操業度・売上数量に比例的にかかる原料費を，売上に関連させて合理化していけばよいのです。

　このような考え方をベースに，経営改善に役立つ売上・直接原価計算方式による〈売上・比例費・固定費〉損益計算書をつくると，その中の総費用が工場の操業度（売上や生産数量・売上数量）に関係があることがはっきりわかります。同じことを繰り返しますが，『売上から比例費を引き比例利益。そこから固定費を引いて（税前）利益』。この考え方が直接原価計算の真髄です」

　「よくわかりました。では，平素の日米社で一番大切なことは何でしょうか」

　「それは，利益をあげて，その約40パーセントの税金を納めることです。すなわち，日米社で一番経営上大切な点は，機械・装置をフル稼働にして，造った製品Fをフル生産・フル販売することです。造った製品Fは全部売り切ることを目指します。このためには，販売と製造とが，直接原価計算を駆使して，一体になることが大切です。そして必ず，操業度別の売上・直接原価計算方式の損益計算書を毎日・毎月つくります。工場が100パーセント稼動していくためには，売上数量が100パーセントの販売であることが必要です。前にもお話したように『フル生産・フル販売』，逆に言えば『フル販売・フル生産』です。これが経営の本質であることは，操業度別の売上・直接原価計算ではっきりわかります」

　「一般の会社では損益トントンのグラフで経営を考えているようです。もっとも何か月に一遍ですが…」

　「一般的には物事をやさしくするためにグラフで考えることはよくあります。新製品プレゼンテーションのような場で，見てくださる方々によいイメージを伝えるというのであれば，グラフなどビジュアルなしかけは効果的でしょう。でも，生きた経営実行では違います。直接原価計

23. 米シンテック社（2013年に創立40周年）「世界最強：フル生産・フル販売の経営」

算でグラフを重視してはなりません」

「金字さん，それはどういうことですか」

「いま例えば，直接原価計算をベースにした損益トントンのグラフで，タテが金額〔売上・費用〕で，ヨコは操業度（生産数量・売上数量）とします。固定費（フィックスト・コスト＝fixed cost）は操業度がいくらであろうと，いつも一定です。そして比例費は操業度（売上や売上数量・生産数量）に比例して発生します。これを比例費の線で表します。さて，そこで45度の線を引きます。これが売上線です。例えば，機械・装置の操業度が51パーセントの場合に，売上と総費用（比例費＋固定費の計）が交わった点が損益トントン点（損益分岐点：ブレイク・イーブン・ポイント＝break even point）です。70パーセント稼働であったら，売上から総費用を引いて余裕がある部分は利益です。これが損益トントングラフです」

「そのグラフのご説明はよくわかります」

「私が，ここで申したいのは"経営はグラフで判断・実行してはならない"，ということです。"必ず数字で判断し実行すべし"ということです。例えば，先の51パーセントのところから70パーセントのところまで，工場の操業度（売上数量・生産数量）を上げていくには，経営者と従業員の並大抵ではない大変な苦労が要ります。でも，グラフ上では，51パーセントから70パーセントまで，人間の目線は，グラフの線上をスッと苦労なく移動してしまいます。0.1秒とかからないでしょう。

実際の経営実行では，この間のものすごい努力が必要なのです。たくさんの人たちがいろいろな苦労をしても，なかなか達成できないことが普通なのです。だからこそ，経理・財務部門は，販売をはじめすべての人の苦労を 慮 る必要が出てくるのです。この51パーセントから70パーセントにいく間に，どれだけ多くの人たちがどれだけの努力をして，

汗水たらして働いているかを慮るためには，まず，"現場ありき"の数字で経営実行するべきですし，このような"現場数字"でなければ経営できません。販売部の人が上げた売上でも，その仕事に携わった人々の苦労を慮って経営の改善を進めていくべきで，グラフ上で目を動かして，何も考えないで『ははーん，なるほど』というのでは，全く真の経営にならないのです。このように，売上・直接原価計算は，グラフではなくその現場数字で経営判断をするべきです」

「グラフではなく現場数字が大切である，という意味がよくわかりました」

「あと1つ，いや2つです。私の師匠，金児昭氏が造って商標登録した言葉『残増減残（balance at the beginning, increase, decrease, balance at the end）』と『科目の四マス（quarters of accounts）』を経営のあらゆる場面で，皆さんに（無償で）使っていただきたいのです」

「バランス（残＝balance）はつり合いの意味ではないんですね」

「そのとおりです。製品科目で言えば，4月初めの残，4月中の増加，4月中の減少，4月終わりの残ということで，この残増減残は，"数量"についても"金額"についても当てはまります」

「例えば機械でいう科目ではどうですか」

「初めの残が簿価で，増が設備投資，減が減価償却で，終わりの残が期末簿価です」

「借入金科目ではどうですか」

「期首の借入金額が10億円で，期中に40億円借りるのが増，期中に30億円返すのが減，終わりの借り入れ金残が20億円となります」

「経営ではどこに注意するのですか」

「経営は残ではなく，いつも増・減です。何事も増と減が大事です。これは人間生活のすべてにあてはまります」

23. 米シンテック社（2013年に創立40周年）「世界最強：フル生産・フル販売の経営」

「もう１つの『科目の四マス』はどういう意味ですか」

「バタンさん。これはB/SとP/L・I/Sの科目を大きく５つのチームに分けて，東からと西からの２か所から大リーグの選手が野球場に登場して，闘うのにたとえた，選手の胸に『科目の四マス』のマークがついていると考えたものです。東側から入場するチームは３つで，負債チームと純資産（資本）チームと収益チーム。胸の四マスには東から残減増残の金額が入ります（この増⑥，減⑥がブック・キーピング〈ブキ＝Book-Keeping＝決算書–経営〉の仕分け＝仕訳です）。一方，西側から入場するチームは２つで，資産チームと費用チーム。胸の四マスには西から残増減残の金額が入ります（この増⑥，減⑥がブック・キーピング〈ブキ＝Book-Keeping〉の仕分け＝仕訳です）。この『残増減残』と『科目の四マス』は，金字から聞いたことがあるな，という程度に記憶にとどめておいてください」

「はい。ここでこの２つと財務諸表との関係を簡潔に説明してください」

「バランス・シートと損益計算書の『科目の四マス』にお金の増減を記入していく方法で，１つの取引が同時に左右ペアに記載させるので，決算書の成り立ち，お金の動きがわかりやすく，経営を理解する基本を学ぶことができます」

「ありがとうございます」

【大田切社長の金字への言葉　シンプル・イズ・ベスト】

「金字君，企業経営は出資金が100万円ぐらいの中小企業のように1円を大切にしていけばよいと思っています」

「そんな小さな会社？」

「ええ，小さいのも大きいのも変わらないのです。そして，人間の行動もシンプルにすべしで，シンプル・イズ・ベストです。私は歳をとっていますが，個人の行動はシンプル，古代人と同じように，と考えます」

「は？」

「私がやめたのは，クレジットカード，ワープロ，パソコン，インターネット，ATM。もともとしないのは，ゴルフ，車の運転，メール，モバイル・フォーン（携帯電話＝mobile phone）。するのはふつうの電話，ファックス，封書・葉書での便りです。人間の体は縄文時代と基本的に変らないでしょ」

「少し大きくなって太っていますが」

「栄養のとりすぎですか」

「食べ過ぎで太っていてすみません」

「ただ，誰でも美味しいものは食べたいですよね」

24. 売上（連動型）・直接原価計算を実行している米シンテック社の経営

―Mr. 金川千尋（信越化学工業・シンテック）会長の講演（2011.4.22）から―

（日本ベンチャーキャピタル株式会社での講演時資料）

1 アメリカでの起業と経営

図表 23-1 北米塩ビメーカーの生産能力（1974年と2010年比較）

1974年

		生産能力	シェア
1	BF Goodrich	49万t	16%
2	Diamond Shamrock	26	9
3	Borden	24	8
4	Tenneco	22	7
5	Conoco（VISTA）	21	7
6	Firestone	20	7
7	Union Carbide	18	6
8	Stauffer	16	5
9	Certainteed	14	5
10	Goodyear	12	4
11	Robintech	11	4
12	Georgia Gulf	10	3
13	Shintech	10	3
14	Air Products	9	3
15	Occidental	9	3
16	General Tire	8	3
17	Ethyl	8	3
18	Pantasote	5	2
19	Great American	3	1
20	Atlantic Tube	2	1
21	Keysor Century	2	1
Total		299万t	100%

2010年

		生産能力	シェア
1	Shintech	263万t	36%
2	Oxy Vinyl	163	22
3	Georgia Gulf	120	16
4	Formosa	117	16
5	Westlake	76	10
Total		739万t	100%

26倍

出典：CMAI

図表 23-2　欧米の塩ビメーカー収支

		2006年 実績	2007年 実績	2008年 実績	2009年 実績	2010年 実績
		1〜12月	1〜12月	1〜12月	1〜12月	1〜12月
米国	Shintech（経常利益）	百万ドル 375 437億円	百万ドル 294 347億円	百万ドル 337 349億円	百万ドル 172 161億円	百万ドル 193 169億円
米国	GG（経常利益）	百万ドル 83 97億円	百万ドル ▲211 ▲249億円	百万ドル ▲278 ▲287億円	百万ドル ▲132 ▲124億円	百万ドル 44 39億円
米国	Westlake（営業利益） Vinyls部門	百万ドル 158 184億円	百万ドル 30 35億円	百万ドル 18 19億円	百万ドル ▲57 ▲53億円	百万ドル ▲62 ▲55億円
欧州	SE PVC（経常利益）	百万ユーロ 30 45億円	百万ユーロ 37 60億円	百万ユーロ 43 65億円	百万ユーロ 22 29億円	百万ユーロ 23 27億円
欧州	LVM／（営業利益） Tessenderloo PVC/Chlor-Alkari部門	百万ユーロ 55 80億円	百万ユーロ 49 79億円	百万ユーロ 20 30億円	百万ユーロ ▲28 ▲36億円	百万ユーロ ▲7 ▲8億円
欧州	Arkema（営業利益） Vinyl部門	百万ユーロ 13 19億円	百万ユーロ 53 85億円	百万ユーロ ▲61 ▲93億円	百万ユーロ ▲89 ▲116億円	百万ユーロ ▲98 ▲144億円

図表 23-3　シンテック誕生の経緯

1972年秋，ロビンテック社より
当社の塩ビ製造技術購入の打診あり

⬇

メーカーにとっての生命線である技術輸出に
疑問が沸き，合弁会社設立の話へと転換

⬇

折半出資により，
塩ビ製造販売会社を設立することで合意
1973年　シンテック社設立

24. 売上（連動型）・直接原価計算を実行している米シンテック社の経営

図表23-4 疾風怒濤の CEO

ロビンテック社CEO　ブラッド・コーベット氏
・『飛ぶ鳥を落とす勢い』で成長
・自家用飛行機2機所有
・メジャーリーグ・テキサス・レンジャーズを買収

「疾走怒涛」という言葉を地でいくCEO

図表23-5 オイルショックとロビンテックの経営悪化

1973年　第一次オイルショック→塩ビ価格の高騰
1974年　反動により塩ビ価格の急落

⬇

ロビンテックの経営悪化 ⇒ 代金の支払いが滞る

⬇

ロビンテックより，シンテックの株式買収の打診

図表23-6 シンテック株式の買取交渉

ロビンテックが提示した売却金額：当社予想の倍

⬇

交渉難航するも粘り強く交渉

⬇

信越化学の役員からは懐疑的な意見多数

⬇

小田切新太郎社長が，会社の命運を左右する1976年当時の信越化学の当期純利益12億円と比較して破格の40億円の買収大投資を英断

図表 23-7 初めての会社経営

自らはシンテックの会長に就任し,
社長はアメリカの大企業からヘッドハンティング

⬇

社長との間で経営に対する考えの食い違い

⬇

| 自ら社長となり，経営の全責任を負い理想とする経営に取り組む |

図表 23-8 販売が何よりも重要

メーカーにとっては,
「製造」「販売」「研究開発」が重要

中でも，「販売」＝「売り切る」ことが何よりも重要

| シンテックは創業当初から今日に至るまで常にフル生産，フル販売 |

（筆者注）　フル生産，フル販売の実現に売上（連動型）・直接原価計算がかなり役立っています。

24. 売上（連動型）・直接原価計算を実行している米シンテック社の経営

図表 23-9 シンテックの塩ビ生産能力の推移

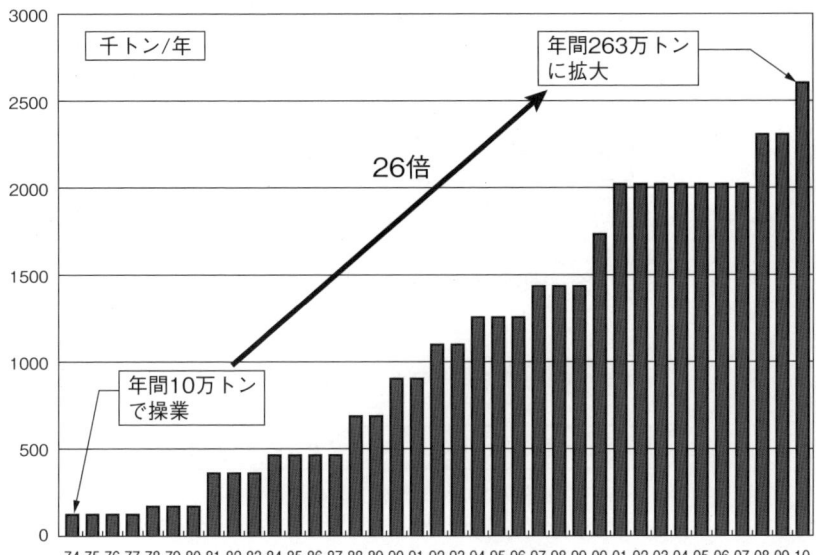

（千トン/年）

年間10万トンで操業

26倍

年間263万トンに拡大

暦年：74 75 76 77 78 79 80 81 82 83 84 85 86 87 88 89 90 91 92 93 94 95 96 97 98 99 00 01 02 03 04 05 06 07 08 09 10

図表 23-10 世界を相手に塩ビを売り切る

① 世界中を回り，顧客開拓
　当初から世界マーケットを視野に入れる

② 中米ニカラグアの合併事業で開拓した顧客は，現在も重要な顧客

③ 最小限の営業マン
　日本の25倍の面積があるアメリカを
　わずか6人の営業マンが担当

図表 23-11 輸出用設備に先行投資

輸出を想定した全世界の顧客を開拓
自前の輸出用設備の先行投資

↓

アメリカの住宅バブルが崩壊する中，
世界中の顧客へ販売することで，
フル生産，フル販売を継続し，
大きな利益を上げ続ける

図表 23-12 シンテックの組織

できる限り少数で仕事をする

⇒ 個人の潜在能力を発揮してもらう
　（例．工場長が，人事，購買，総務を兼務）

無駄な部門を作らない

　（例．借入金がないので「財務部門」はなし）

（筆者注）シンテックを含む信越化学グループの会社は，
　　　　　金融機関の大切さを常に認識しています。

図表 23-13 製造ラインの長はアメリカ人

工場長，製造ラインの長をアメリカ人にする理由

・文化，言葉の違い，地域住民との付き合い
・アメリカ人と日本人のチームワーク

愛社精神に溢れた勤勉なアメリカ人

・ハリケーンが工場に襲来した際，
　逃げずに工場を守ってくれた39人

図表 23-14 塩ビの需要を捉える

生活必需品，社会のインフラ整備に使われる
塩ビの世界需要は，これからも着実に伸びると確信

⬇

世界で塩ビの大型投資なし

⬇

世界の塩ビ需要が逼迫すると予想

⬇

塩ビの需要を捉えるチャンス

24. 売上（連動型）・直接原価計算を実行している米シンテック社の経営

図表23-15 1つのバスケットに全ての卵は入れない

シンテック　フリーポート工場（テキサス州）
・3つの独立した工場
・万一1つの工場で事故が起きても，
　他の2つの工場に影響を及ぼさない

⬇

しかし，巨大ハリケーン上陸のリスク

⬇

テキサス以外の場所での工場建設を決断

図表23-16 原料からの一貫生産

塩ビの原料をダウ・ケミカルから購入
長年に亘る世界でも例のないパートナーシップ

⬇

ダウ・ケミカルの経営方針の変更

⬇

自前で原料を調達する必要が発生
ルイジアナ州を候補地と定める

図表 23-17　ルイジアナ工場の建設

第1期：
投資額14億ドル…①
塩ビ樹脂と原料の生産工場を建設

第2期：
投資額10億ドル…②
塩ビ原料の生産工場を追加建設

総投資額：①＋②＝24億ドル（2,400億円）
<u>全て自己資金で賄う</u>

図表 23-18　原　料

アメリカの天然ガス価格が高騰

→ 主要石油化学会社の対応
・恒久化すると考え，アメリカでの生産能力を縮小
・中東，中国で増設

→ 私の見方と決断
・エネルギー問題を解決する市場と企業家の力がある
・他国に比べ，カントリーリスクが低い

↓

アメリカでの投資を決断

その後，アメリカはエネルギー問題を解決
シェールガスの採掘 ⇒ 天然ガス価格が安定

↓

アメリカは世界有数のコスト競争力を
持つようになった

24. 売上（連動型）・直接原価計算を実行している米シンテック社の経営

図表 23-19　シンテックの時価総額
（2人の証券アナリストによる評価）

現在の時価総額
4,500億円

当初の投資額
40億円

小田切社長のご英断によるシンテックへの投資額40億円が，
経営努力の結果112倍に拡大

図表 23-20　毎日の積み重ね

今日やるべきことは，必ず今日やる
　冷静な状況判断と決断，
　着実な経営執行，
　迅速な行動を積み重ねる

↓

シンテックの成長につながる

（筆者注）　以上，シンテック社の経営そのものが述べられましたが，この経営を強力にバックアップしているのが，毎日，それも1年間1日も欠かさずに進められている「売上（連動型）・直接原価計算」です。これは，世界一の「損益トントン点の経営」の中で，1976年から2012年の今まで36年間1日も休まずに行われてきましたし，今後も続けられていくでしょう。

25. 拙著4冊に書評をいただきました

　私が（株）税務経理協会さんから出させていただいた『日本型／世界に広がる超やさしい財務会計』と『日本型／世界に広がる超やさしい経営会計』という本の書評を，2011年の5月30日と8月29日発行の（株）税務研究会刊『経営財務』にいただきましたが，超一級の2人の学者の方々がこのように書いてくださったことはうれしい限りです。私からすると考えられないことです。

　また，それ以前に発行した『日本型「経理・財務」事典』（（株）税務経理協会 刊）と『「できる社長」のお金の使い方』（イースト・プレス社刊）もここに合わせて載せさせていただきます。これら拙著4冊は，私の「売上・比例費・比例利益・固定費・（税前）利益」という5つの言葉をベースに「損益トントン点」「損益トントン売上」で経営をよりよくする売上（連動型）・直接原価計算を念頭にしっかり置き，精神をこめて書いたものです。

25. 拙著4冊に書評をいただきました

慶應義塾大学教授　黒川　行治

　信越化学工業株式会社顧問，日本 CFO 協会最高顧問，前金融監督庁（現金融庁）顧問として著名な金児氏が，同氏の造語である「経理・財務」の理念を，さらに啓蒙・普及していくことを目的に，2011年1月1日に，『世界「経理・財務」研究学会』と『日本「経理・財務」研究学会』(World and/or Japan "Accounting & Finance" Association) を設立された。本書は，当該研究学会設立直後に，会長として「経理・財務」の理念の粋を初学者に伝えるべく，上梓されたものである。

　金児氏は，38年間の「経理・財務」の実務体験から，企業性善説に基づいて，会社・店・個人企業（会社等）を律する『「経理・財務」原則』は，会社等自身の実務歴史の中から抽出して作成していくことが，人間社会・公共社会の幸せを実現することになると確信されている。しかるに，世界中が「グローバル」「インターナショナル」「アメリカン」などの財務会計（Financial Accounting）に振り回され，企業性悪説に重きを置いて議論をしていることに対して，大きな危惧を抱かれている（まえがき2～3頁を咀嚼）。

　（財務）会計情報は「社会的選択」としての会計基準の設定と「私的選択」としての企業個々の会計方法の選択の結果導出されるものであり，社会的選択と私的選択とは相互に連動するものであって，かつ会計と企業の経営は相互に干渉し合っている。社会的選択である以上，公共選択における諸規準が会計基準設定において考慮されても良いのではないかと思え，私自身，このような問題意識から近年，研究をしているので，金児氏の理念に賛同し，かつ学ばせていただく機会も多い。経済社会のグローバリゼーション，金融資本主義の蔓延を背景に，機関投資家を主として念頭においた短期的投資意思決定に役立つことを至上の規準とする会計基準の設定が押し進められているのが，会計社会の現状であろう。金児氏は，日本の会社が培ってきた「経理・財務」のエンピリカル・ナレッジ（体験知識）は，日本のみならず世界に通用するものであり，人間の幸せに役立つことを主張され続けておられる。

　本書は12章から構成され「経理・財務」のタスク，会社の仕組みとガバナンス，会計（簿記）に関する個々の処理方法，確定決算と税務会計，連結会計とセグメント会計などが主な内容である。初学者が「経理・財務」の基礎を学ぶには，必要にして十分な内容となっている。なお，付録として，金児氏へのインタビュー記事，金児氏の提言，「経理・財務」歳時記などが収録されており，金児氏の価値観を初めて理解したいと思われる読者にも便宜が図られている。

『日本型／世界に広がる
超やさしい財務会計』
金児　昭　著
（税務経理協会 刊）

一橋大学大学院教授　尾畑　裕

　本書のタイトルにある「経営会計」は，Management Accounting を訳したもので，管理会計のことである。学界や教育現場では，管理会計という訳語が定着しているが，管理会計というと経理部が現場を管理するという意味に解される傾向があるので，「経営会計」と訳すべきというのが従来からの金児氏の一貫した主張である。本書のタイトルもその立場にのっとり経営会計となっている。内容もオリジナリティに富むもので通常の管理会計のテキストの内容とはかなり異なっている。

　本書は，金児氏の従来からの主張をいかに初心者にわかりやすく伝えるかという点に腐心して執筆された入門書である。入門書であるが金児氏の長年にわたる実務経験を凝集したものであるため，けっして扱っている内容が簡単であるということではない。

　本書を貫く考え方は，簿記の仕訳の背後にある行動のなかにこそ経営のすべてがあるという考え方である。これを金児氏は，「仕訳の前に事業あり」と表現し，次のように述べる。「会社の収益・利益の向上をめざす実行への経理・財務部の参画は，まず，仕訳業務の前の段階で行われます。(中略) この段階では，販売をはじめ製造，技術等多くの人々が，時には集中的に，時には長い時間をかけて，事業の将来の成長をめざし努力しています。経理・財務部は，このプロセス⓪の段階へ機能（はたらき）・体験知識（empirical knowledge）をもってバックアップの精神で参画します。」(41ページ)

　仕訳に「経営改善，収益・利益向上の解決の糸口」があると考えるのが金児氏のいう「経営簿記」であり，その核となっているのが，金児氏の発案による「残増減残」という考え方である。この考え方は，「科目の四マス」として具体的・視覚的に展開される。「残増減残」とは，Beginning Balance, Increase, Decrease, Ending Balance であり，非常にシンプルなとらえ方であるが，その増・減の部分に仕訳以前の行動が表現されるとみており，なかなか奥が深い。そして簿記の仕訳自体も，この「残増減残」の考え方で説明されている。

　本書は経営会計への入門書であるが，その背後には，金児会計学の世界が存在している。その本質的なところを理解しようとすれば，相当な勉強が必要になろう。そして，その勉強の教材として数多くの金児氏の著作があるが，読者の日々の業務そのものがそのための教材ともいえる。

　本書には，経理・財務の実務に携わるひとたちへの金児氏からの熱いメッセージがこめられている。

『日本型／世界に広がる
超やさしい経営会計』

金児　昭　著

（税務経理協会　刊）

25. 拙著4冊に書評をいただきました

慶應義塾大学教授　黒川　行治

　事典のジャンルに属する書であることに間違いないのであるが，日本型「経理・財務」という固有名詞（ちなみに「経理・財務」という語は，金児昭氏の造語とされる）に関わる類を見ない事典である。金児氏は，「会社等の中で働く事業部門の方々や…バックアップ部門の方々が，「経理・財務」のおおむねをザックリと理解すると，会社等の人間が幸せになる」という信念をもって，本書の上梓を決意したとされる。

　金児氏は，これまでに115冊の書を世に送り出してきた大家であるが，その著作量の多さのみならず，首尾一貫して会社等の人々の幸せを願い，「良い会社等の経理・財務の実務慣習を自分の実体験と融合され」，普及（布教）しようとする姿勢に微塵のブレがなかったことに，20年以上も親しくご指導を受けてきた私は，心より尊敬するものである。

　本書で取り上げられた多くの項目のうち金児氏の主張がとくに際立つ項目を列挙することにしよう。「アニュアルレポート」（M＆Aの心得の記述が圧巻），「お客様は神様か」（巷の理解を否定し，お客様はお客様であって，買い入れ先が神様），「会社「経理・財務」は人間を幸せにする」（会社が利益を上げ納税をすることの社会的意義），「経営会計（管理会計）のテーマ」および「経営会計でなければならない」（マネジメント・アカウンティングを管理会計と誤訳したことを指摘し，経営会計と訳することで，経営会計のテーマが明確になる），「経営実行」「経営実行と予算」「経営実行と経営計画」「経営実行力」「経営の三原則」（経営の心得や要素の解説），「経理・財務の機能，権限，役割」（「経理・財務」という造語の解説），「月次決算の目的」「月次決算の予算実績比較」「月次損益予算」（経営会計の重要テーマについて実務を踏まえて解説），「誠実」（事典の項目として異色。取引先から信頼される心得を力説），「納税」（納税の意義と税金を費消する政府の心構えを指摘）。

　金児氏は，「企業会計（財務・経理）＝財務会計（制度会計）＋経営会計」とし，重要性は財務会計2割に対して経営会計8割であるとする。近年，財務会計（制度会計）における国際会計基準のアドプション問題が極めて大きく取り上げられているが，金児氏は会社等の人々を幸せにする財務・経理の主たる役割を経営会計が担っていると主張される。私は，国際会計のアドプション問題が経営会計や経営および経営者に如何なる影響を与えるのかに注目しており，金児氏の見解を楽しみにしているのである。

『日本型「経理・財務」事典』

金児　昭　著

（税務経理協会　刊）

東日本電信電話㈱取締役神奈川支店長　小畑　哲哉

　「できる社長」とは，小田切新太郎さん（信越化学工業中興の祖）と金川千尋さん（信越化学工業会長）である。本書は，まず金児昭氏からできる社長2人への恋文である。「私はこの社長にほめられながら，うれしくなって馬車馬のように働きました。」「人という「見えない資産」をいかに大事にするか，思い出すたびに目頭が熱くなる思い出があります。」会社は人間の集合体。「この人のために」「この人の言う事なら」という信頼関係が何よりも大切である。信越化学工業が13期連続最高益を更新した背景には，経営トップの社員に対する思いやりと厳しい指導のもと，「1円の利益」を大切にするという考え方が共有されていることがあろう。金児氏を代表とする社員の方々のできる社長への敬い愛する気持ちが熱く伝わってくる。

　次に本書は，金児氏の哲学の書である。「多くの日本の優良な会社，店，個人企業の経理・財務パーソンが現場でつくりあげた経理・財務の実務を，日本の経済産業省が旗振り役となって標準化し，「経理・財務スキル・スタンダード（FASS）」をつくりました。世界に類を見ないものです。」「「残・増・減・残」で決算書と経営を関連づけ，バランス・シートと損益計算書が読め，つくれるのが，私が生み出した「科目の4マス」です。」「人間を幸せにする「経営会計」は，…経営を正しい方向に導きます。だから，会計は人間を幸せにする性善説から入るべきです。」38年間，信越化学工業で，経理・財務に携わった「日本一の金庫番」である金児氏は，経理・財務に対する独自の哲学をお持ちであるが，本書ではその考え方をわかりやすく鳥瞰的に説明している。

　第三に，本書はすべてのビジネスパーソンが身につけるべき実践の書である。「利益を1円でも出さなければ，会社は雇用を守れません。利益が1円出ているということは，売上で人件費を含むすべての費用をまかない，税金を納めている証です。」「最大の社会的責任とは，きっちり利益を上げて，その結果，税金を納めること。」日々，ビジネスパーソンは汗を流して仕事に携わっている。しかし，自らの仕事がキチンと会社の利益につながっていると自信を持っているだろうか。本書にある多くの示唆を丁寧に咀嚼しながら仕事に携わることで，無駄な仕事をやめ，利益につながるお金の使い方ができる。いつも身近に置き，読み返したい一冊である。

『「できる社長」の
お金の使い方』

金児　昭　著

（イースト・プレス　刊）

26. 損益トントン売上，比例費，比例利益などの重要さを経営に生かしてきています

　私は，2011年1月1日にWorld and/or Japan "Accounting & Finance" Association，日本語で言えば「世界と／または日本『経理・財務』研究学会」を創立しました。

　この学会は，1秒も時間を使わないし，1円もお金を使わないし，誰でも入れ，いつでも脱会できるわけですが，国際通貨研究所理事長・日本CFO協会名誉相談役の行天豊雄さんを最高顧問として私の上に頂きました。その経緯を日本CFO協会専務理事の谷口宏さんとの『経営財務』（（株）税務研究会 刊）誌上の対談でお話ししましたので，掲載させていただきたいと思います。なお，この研究学会では，みんなで「1円の利益」を大切にし，「損益トントン点の経営」を強くバックアップしていってほしいと思っています。

2011年1月21日㈮スペシャル対談　「経理・財務」の世界的な展開

日本CEO協会専務理事　　　経済・金融・経営評論家，作家
谷口　宏氏　　　　　　　　前金融監督庁（現金融庁）顧問
　　　　　　　　　　　　　金児　昭氏

●「経理・財務」研究学会を立ち上げ●

谷口 ところで,「経理・財務」は1989年の金児先生の造語であると皆さんが存じておりますが,今2011年1月1日に,世界「経理・財務」研究学会と日本「経理・財務」研究学会(World and/or Japan "Accounting & Finance" Association)を創立されたとのことですね。どのようなお気持から創立なさったのかお聞かせくださいませんか。

金児 私は38年間の「経理・財務」の実務体験の知識（empirical knowledge）から，会社等（会社・店・個人企業・個人）（会社等を申します）が守るべき『「経理・財務」原則』は，会社等自身の中の実務歴史の中から抽出するべきである，と考えてきました。そこへ21世紀に入って経済産業省からお話しがあって「経理・財務スキル・スタンダード」が作成され約10年が経ちました。そこで，①会社等のトップから一般社員・店員の人たちの誰でもが，②極端に申しますと，1円のお金も，1秒の時間も使わないで，③「経理・財務」を自らが自由に学んだり考えたりしたい（研究したい）宙(そら)をつくるキッカケをつくり，④現在(いま)，世界に誇れる日本の「経理・財務」を世界の人々と共有し，⑤日本中・世界中の人たちが幸せになるための「経理・財務」をつくりあげることを目指してきました。「会計」や「経理・財務」は人間が幸せになるためにあるのです。

谷口 金児先生をはじめ，全日本の会社・店・個人企業・個人のエンピリカル・ナレッジ（体験知識）である，戦後60数年の日本の「経理・財務」実務をベースとして『世界と／または日本の（World and/or Japan）「経理・財務」（Accounting & Finance)』をうち出された理由(わけ)を教えてください。

金児 いま世界中が,「グローバル」「インターナショナル」「アメリカン」などの財務会計（Financial Accounting）に振りまわされ，企業や店の

26. 損益トントン売上，比例費，比例利益などの重要さを経営に生かしてきています

性悪説に重きを置いた議論ばかりしております。それだけではなく，世界中の（World's）会社・店・個人企業は1円でも利益を上げて雇用を守るという経営会計（Management Accounting）すなわち経営者（Management）の企業性善説に重きを置いた議論を誰でもがしていったらよいと考えています。

谷口 日本の「経理・財務」実務を世界にどのように発信していかれるのですか。

金児 研究学会としては，何もしませんし出来ません。1円もお金をかけないし，1秒も時間を使わないのですから。ただ，日本人全体が1人ひとり，日本の約1千万（これに個人を入れると1億超となります）の会社・店・個人企業の「経理・財務」は世界に冠たるものであると，自信をもっていただきたい，とお願いいたしています。実は，私にとり，とても有り難いことがあります。それは，日本CFO協会前理事長で国際通貨研究所理事長の行天豊雄さんが，この研究学会の最高顧問になってくださったのです。こんな嬉しいことはございません。谷口専務理事さんには，行天さんと私に精神的な応援をお願いします。なお，副会長には21世紀に入って経済産業省の「経理・財務サービス・スキルスタンダード」の研究・普及に，全く無償で尽力してこられた，小畑哲哉さん（NTT東日本取締役），木村幸彦さん（公認会計士），白石学さん（税務研究会執行役員）がつかれます。あと評議員は山本保さん（前日本経済新聞出版社編集長・税理士・社労士），谷口宏さん（日本CFO協会専務理事），三輪豊明さん（日本アビタス社長）など（10名）と事務局（3名，事務局主幹事は大坪克行さん（税務経理協会常務取締役），小島祥一さん（税務研究会出版部長））などです。

日本型　世界に広がる　超やさしい財務会計

信越化学工業株式会社顧問
日本CFO協会最高顧問
前金融監督庁（現金融庁）顧問
金児　昭［著］
税務経理協会　定価1,260円（税込）

まえがき（前半・略）

● 「World and/or Japan "Accounting & Finance" Association」という研究学会を，2011年1月1日に創立しました。

　「経理・財務」は，1989年の私の造語ですが，2011年1月1日に，世界「経理・財務」研究学会と日本「経理・財務」研究学会（World and/or Japan "Accounting & Finance" Association）を創立しました。

　私は38年間の「経理・財務」の実務体験の知識（empirical knowledge）から，会社・店・個人企業・個人（会社等）が守るべき『「経理・財務」原則』は，会社等自身の中の実務歴史の中から抽出するべきである，と考えてきました。そこへ21世紀に入って経済産業省からお話しがあって「経理・財務スキル・スタンダード」が作成され，約10年が経ちました。そこで，

① 会社等のトップから一般社員・店員の人たちの誰もが，
② 1円のお金も，1秒の時間も使わずに，
③ 「経理・財務」を自由に学んだり考えたりしたい（研究したい）契機を作り，
④ 現在（いま），世界に誇れる日本の「経理・財務」を世界の人々と共有し，

26. 損益トントン売上，比例費，比例利益などの重要さを経営に生かしてきています

⑤　日本中・世界中の人たちの幸せに役立つ「経理・財務」を目指してきました。

●「経理・財務」は人間が幸せになるためにあります。

　いま世界中が，「グローバル」「インターナショナル」「アメリカン」などの財務会計（Financial Accounting）に振り回され，企業性悪説に重きを置いた議論を，誰もがしていったらしていったらよいと考えています。

　それに対し私は企業性善説をもとに，日本中の会社・店・個人企業のエンピリカル・ナレッジ（体験知識）である，戦後60数年の日本の「経理・財務」実務をベースとして，『世界と／または日本の（World and/or Japan）』[経理・財務]（Accounting & Finance）』の研究学会を打ち出しました。

　人間の幸せをめざして，日本の「経理・財務」実務を世界に発信したいのですが，研究学会としては，何もしません。1円のお金もかけませんし，1秒も時間を使わないのですから。ただ，日本人全体が1人ひとり，日本の会社・店・個人企業の「経理・財務」は世界に冠たるものであると，自信をもっていただきたいと考えています。

　この研究学会の最高顧問に，日本CFO協会前理事長・現名誉相談役で，国際通貨研究所理事長の行天豊雄さんがなってくださいました。副会長は，21世紀に入って経済産業省の「経理・財務サービス・スキル・スタンダード」の研究・普及に，無償で尽力してこられた，小畑哲也さん（NTT東日本取締役），木村幸彦さん（公認会計士），白石学さん（税務研究会・執行役員）です。あと評議員が10名，事務局が3名（主幹事は，大坪克行さん（税務経理協会・常務取締役））です。
（最終部分，略）

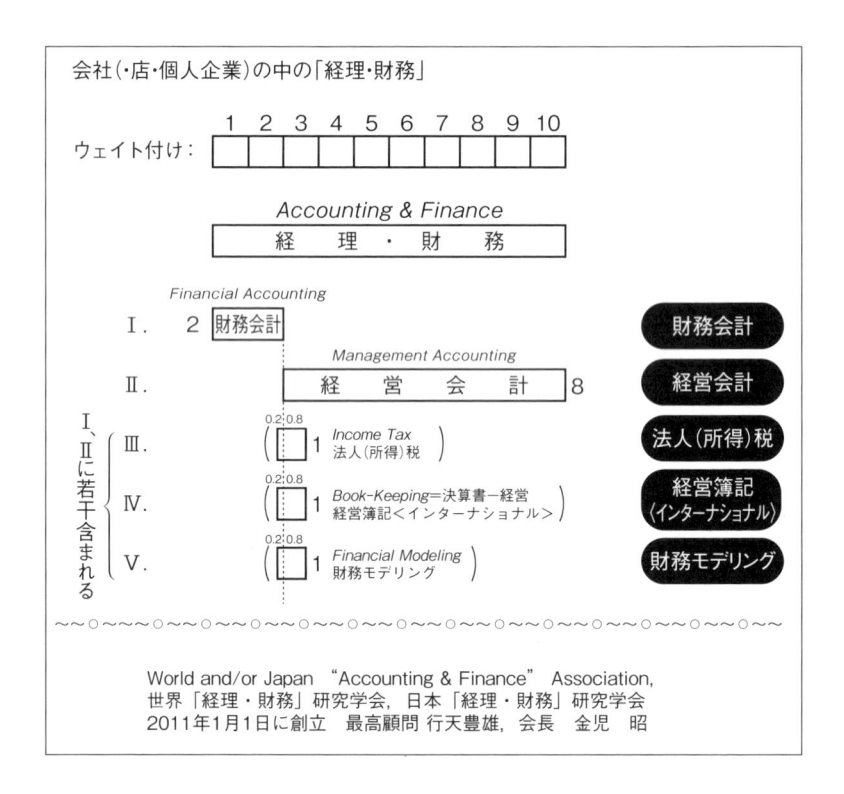

会社(・店・個人企業)の中の「経理・財務」

ウェイト付け：| 1 | 2 | 3 | 4 | 5 | 6 | 7 | 8 | 9 | 10 |

Accounting & Finance
経　理　・　財　務

Financial Accounting
Ⅰ．　2　財務会計　　　　　　　　　　　　　　　　財務会計

　　　　　　　　Management Accounting
Ⅱ．　　　　経　営　会　計　　8　　　　　　　経営会計

Ⅰ、Ⅱに若干含まれる
　　　　　　0.2 0.8　Income Tax
Ⅲ．　　（　□ 1　法人(所得)税　）　　　　　　　法人(所得)税

　　　　　0.2 0.8　Book-Keeping＝決算書－経営
Ⅳ．　　（　□ 1　経営簿記＜インターナショナル＞）　　経営簿記〈インターナショナル〉

　　　　　0.2 0.8　Financial Modeling
Ⅴ．　　（　□ 1　財務モデリング　）　　　　　　財務モデリング

～～○～～～○～～～○～～～○～～～○～～～○～～～○～～～○～～～○～～～○～～～

World and/or Japan "Accounting & Finance" Association,
世界「経理・財務」研究学会，日本「経理・財務」研究学会
2011年1月1日に創立　最高顧問　行天豊雄，会長　金児　昭

【著者紹介】

金児　昭（かねこ　あきら）

経済・金融・経営評論家，作家，信越化学工業顧問，日本CFO協会最高顧問。
1936年生まれ。

　61年，東京大学農学部卒業。信越化学工業入社。以来38年間，「経理・財務」の実務一筋。
　92～99年，常務取締役（経理，財務，法務，資材関係担当）。
　94～97年，公認会計士試験（筆記・口述）試験委員。
　98～2000年，金融監督庁（現金融庁）顧問（専門分野「企業会計」）。
　96年，平成7年度納税表彰（麹町税務署長表彰）。
　96年～，社交ダンス教師有資格者。
　2011年1月1日『World and/or Japan「Accounting & Finance」Association』(『世界と／または日本「経理・財務」研究学会』）を創立。最高顧問に行天豊雄国際通貨研究所理事長・日本CFO協会名誉相談役を預り，初代会長。

著　書：
『「利益力世界一」をつくったM＆A』，『ビジネス・ゼミナール　会社「経理・財務」入門』，『経理・財務』〈上級〉』，『その仕事，利益に結びついてますか？』（以上，日本経済新聞出版社）
『Mr. 金川千尋　世界最強の経営』，『経営者の会計実学』，『リーダーのための簿記の本』，『私がほしかったダンス用語集』（以上，中経出版）
『〔決定版〕わかる！　使える！　会計の基本』，『「経理・財務」これでわかった！』，『これでわかった！　バランスシート』（以上，PHP研究所）
『日本型／世界に広がる　超やさしい経営会計』，『日本型／世界に広がる　超やさしい財務会計』『自由と自己規律』，『日本型「経理・財務」事典』，『Mr. Chihiro Kanagawa : The Management of The World's Best Business Leader』（以上，税務経理協会）
『「すぐやる人」になれば仕事はぜんぶうまくいく』（あさ出版）
『金児昭と先進企業のCFOが語る一歩先行く会社の「経理・財務」部門と人材育成〔第1集〕』，『会社「経理・財務」の基本テキスト』，『会社「経理・財務」の基本テキストⅡ』（以上，税務研究会）
『「できる社長」のお金の使い方』（イースト・プレス社）
『お父さんの社交ダンス』，『ブルースとジルバの早わかりステップ（足型）集』（以上，モダン出版）
ほか。本書は129冊目の著作。

著者との契約により検印省略

平成24年3月10日　初版第1刷発行

損益トントン点の経営が世界一
やさしく分かる本

｛変動費
　限界利益
　損益分岐点
　％（パーセント）
　損益分岐点売上｝という言葉を使わない
「売上（連動型）・直接原価計算」で
Sales　・　Direct-Costing
会社もお店もフル販売をめざそう！

著　者　　金　児　　　昭
発行者　　大　坪　嘉　春
製版所　　美研プリンティング株式会社
印刷所　　税経印刷株式会社
製本所　　株式会社　三森製本所

発行所　東京都新宿区　　株式　税務経理協会
　　　　下落合2丁目5番13号　会社
郵便番号　161-0033　振替　00190-2-187408　電話（03）3953-3301（編集部）
　　　　　　　　　　FAX（03）3565-3391　　　　（03）3953-3325（営業部）
　　　URL　http://www.zeikei.co.jp/
　　　　　　　乱丁・落丁の場合はお取替えいたします。

Ⓒ　金児　昭　2012　　　　　　　　　　　Printed in Japan

本書を無断で複写複製（コピー）することは、著作権法上の例外を除き、禁じられています。本書をコピーされる場合は、事前に日本複写権センター（JRRC）の許諾を受けてください。
JRRC〈http://www.jrrc.or.jp　eメール：info@jrrc.or.jp　電話：03-3401-2382〉

ISBN978―4―419―05740―4　C2034

1 難しい言葉や公式から世界中の人々を救いたい！

○変動費——variable cost の訳であるが，「売上の増減によって変動する費用」という
○限界利益——marginal profit の訳であり，経済学で使われる考え方であるが，これ
○損益分岐——break even の訳であり，損失と利益の分かれ目のことだが，言葉が難
○損益分岐点——break even point の訳であるが，損益トントン点で，これはあくま
○損益分岐点売上の公式 = $\dfrac{固定費}{1-変動比率}$ = $\dfrac{固定費}{限界利益率}$ この公式らしきものへの計算解を妨げている。

2 本質をついた「金児昭式言葉」を使うぞ！

○比例費 ←―― 変動費……比例費 (proportional cost) = 売上の増減に比例して増減す
○比例利益 ←―― 限界利益……比例利益 (proportional profit) = 売上の増減に比例して
○損益トントン ←―― 損益分岐
○損益トントン点 ←―― 損益分岐点……損益トントン点 (profit = $\overset{ゼロ}{0}$) = 損失と利益の分
○損益トントン売上 ←―― 損益分岐点売上……損益トントン売上 = 損益が $\overset{ゼロ}{0}$，すなわち
○比例費率 ←―― 変動費率……比例費率は，比例費÷売上。例えば 24円÷80円 = 0.3 (30
○比例利益率 ←―― 限界利益率……比例利益率は，比例利益÷売上。例えば，比例利益
○(税前) 利益または利益 ←―― 営業利益

3 比例費と比例費率から売上を計算する方法

売上 = $\dfrac{比例費}{比例費率}$ $\left[\text{例}\quad 80円 = \dfrac{24}{0.3}\right]$ ……

4 損益トントンのとき，比例利益＝固定費だから

損益トントン売上 = $\dfrac{比例利益}{比例利益率}$ = $\dfrac{固定費}{比例利益率}$ $\left[\text{例}\quad 90円 = \dfrac{54}{0.6}\right]$ ……

5 損益トントングラフ（損益分岐点図表）で経営をしてはならない

経営では，「損益トントン売上」や「1円の利益」がとても大事である。しかし，さらに，「損益トントン売上」の操業度（売上，生産数量など）をはるかに上回る操業度 100％を目指し，販売・製造・研究の経営実行をしていこう。